스토리 시장경제 ❿

환경을 살리는 경제개발

스토리 시장경제 ⑩

환경을 살리는 경제개발

초판 1쇄 인쇄 | 2015년 6월 24일
초판 1쇄 발행 | 2015년 7월 1일

지 은 이 | 최승노
발 행 인 | 김영희

기획·마케팅 | 신현숙, 권두리
정리·구성 | 금현
편집 | 김민지, 박지혜
디자인 | 한동귀

발 행 처 | (주)에프케이아이미디어(프리이코노미스쿨)
등록번호 | 13-860
주 소 | 150-881 서울특별시 영등포구 여의대로 24 FKI타워 44층
전 화 | (출판콘텐츠팀) 02-3771-0435 / (영업팀) 02-3771-0245
팩 스 | 02-3771-0138
홈페이지 | www.fkimedia.co.kr
E - mail | kmj9949@fkimedia.co.kr
I S B N | 978-89-6374-107-9 03320
정 가 | 10,000원

이 도서의 국립중앙도서관 출판예정도서목록(CIP)은 서지정보유통지원시스템 홈페이지(http://seoji.nl.go.kr)와 국가자료공동목록시스템(http://www.nl.go.kr/kolisnet)에서 이용하실 수 있습니다.(CIP제어번호: CIP2015016930)

환경을 살리는 경제개발

살기 좋은 미래를 위한 최고의 선택

최
승
노
지음

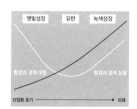

프리이코노미스쿨

- 이 책에서 각종 인용 자료는 다음과 같이 표기하였다.
  단행본 「 」, 연구보고서 및 논문 「 」, 일간지 및 잡지 《 》, 음반·영화·방송프로그램 〈 〉, 신문기사 외
  기타 인용문 " "

- 본문 중 인명, 기업명, 단체명 등 고유명사는 맨 처음 나올 때만 오른쪽 위첨자로 원문을 병기했다.

- 해외 원서는 국내에 번역출간된 경우 번역출간된 도서의 제목을 쓰고 괄호 안에 원문을 병기했고,
  번역도서가 없는 경우 직역하고 원문을 병기했다.

．
．
．

　100여 년 전 《타임TIME》지는 100년 뒤 가장 걱정스러운 일 중 첫 번째로 거리의 '말똥'을 꼽았다. 말이 끄는 마차가 많아지면 도시는 말똥으로 가득할 것이라는 예측이었다. 오염 물질이 넘쳐날 미래의 도시는 상상만 해도 끔찍했을 것이다. 당시 지저분한 거리를 걷기 위해 하이힐이 만들어졌다는 이야기가 새삼스럽다.

　그러나 100년이 지난 지금은 어떠한가? 도시에서 말똥을 찾아볼 수 없다. 어디에서도 말똥으로 인한 전염병으로 피해를 봤다는 기사를 읽을 수 없다. 말똥이라는 환경오염의 해결책을 찾지 못했던 나라들이 이 문제를 어떻게 극복할 수 있었을까?

　환경론자들은 문명의 발달을 거부하는 경향이 있다. 그들의 사고방식대로 마차를 타지 않으면 문제를 해결할 수 있을까? 그렇지 않다. 해답은 바로 과학의 발달에 따른 기술 혁신과 경제성장에 있다. 잘살려는 사람들의 이기심은 문명의 이기를 만들었다. 자동차를 만들었고 비행기도 등장했다. 이동을 편리하게 하는 도로는 질적으로 수준이 높아졌고, 그런 사회 인프라는 삶의 질을 획기적으로 높였다. 과학 기술과 삶의 여유는 도시와 거리를 청결하게 만들었다.

　과거의 주요 교통수단은 '말'이었고 현재의 주요 교통수단은 '자동차'다. 구체적으로 예를 들면, 우리나라의 대표적인 경차 스파크Spark가 70마력이고 1마력은 1마리의 말이 1분 동안 할 수 있는 일을 의미한다. 스파크 1대가 70마리의 말을 대신했고, 70마리의 말이 배설하는 배설물 문제 또한 해결했다. 차 종류가 스파크뿐만 아니라 마력이 높은 다른 자동차들도 많음을 감안하면 실제로 자동차가 말을 대신해서 환경오염을 혁신적으로 줄였고, 엄청난 규모의 인구 이동에도 도시는 더욱 깨끗해졌다.

　많은 사람들은 타이어 분진과 매연 문제로 자동차가 환경을 오염시킨다고 말한다. 여기서 또 우리는 경제성장과 기술 발달의 연결 고리를 생각해야 한다. 시간이 지남에 따라 자동차의 성능은 계속 개선되고 있으며, 자동차로 인한 공해 문제는 계속 줄어들고 있다. 타이어 역시 과거보다 분진이 적은 친환경 타이어가 탄생하고 있다. 연비는 어떠한가? 과거에는 낮은 연비로 이동 거리에 비해 환경오염 물질의 배출량이 많았지만 현재는 연비가 크게 개선되어 적은 매연을 배출하면서도 더 먼 거리로 이동이 가능해졌다. 미래에는 매연으로 인한 환경 문제를 걱정하지 않아도 되는 세상이 올 것이다.

가장 가까운 선진국인 일본의 거리를 보라. 길거리에 쓰레기 하나 없는 모습을 볼 수 있다. 경제발전으로 환경 미화에 더욱 많은 재원을 투입함으로써 이루어진 결과로 해석할 수 있다. 반대로 여러 후진국들은 환경에 대한 기술 발달이 잘 되지 않았을 뿐만 아니라 환경 미화에 대한 재원 투입도 어렵다. 그 결과 선진국에 비해 상대적으로 오염되고 지저분한 도시 환경을 감내하고 있다.

삶의 환경이 경제성장과 함께 깨끗해지는 것처럼 에너지 문제도 점차 해결되고 있다. 불과 몇 십 년 전만 하더라도 나무, 석탄, 석유 등의 자원 고갈로 인류는 위기에 직면할 것이라는 예측이 많았다. 하지만 지금은 어떠한가? 더 적은 자원으로 더 많은 것을 행할 수 있게 되었고 셰일가스의 기술 개발로 에너지 문제가 해결되고 있다. 자원이 고갈날 것을 걱정하기보다 경제성장을 통해 삶의 질을 높이고 사람의 창의력을 길러 혁신의 길로 가는 것이 바람직한 일이다.

성장은 본래 환경친화적이다. 성장의 결과로 녹색의 자연을 즐기고 깨끗한 삶의 환경을 누릴 수 있다. 즉 선진국일수록 깨끗하고 생활 만족도가 높은 환경을 갖추고 있다.

하지만 환경운동을 하는 사람들은 경제성장을 억압하려는 주장에 매몰되곤 한다. 경제발전이 환경을 파괴한다는 식의 논리에 빠진다. 대표적인 것이 온실가스 주장이다. 지구온난화론자들은 인류가 화석연료를 너무 많이 사용해 이산화탄소 농도를 증가시켰기 때문에 지구온난화가 일어난다고 말하면서 이산화탄소 배출을 억제하는 것은 지극히 중요한 문제라고 주장한다. 이를 위해 경제성장률을 낮추는 희생도 불가피하다는 것이다.

사람들이 자원을 아껴 쓰고 절약하는 것은 낭비를 줄이고 생활을 개선하는 효과를 갖는다. 자원을 효율적으로 사용하고 에너지 효율을 높이는 노력은 당연히 해야 할 일이다. 하지만 이산화탄소를 마치 공해물질인 양 몰아가면서 기후변화의 원인을 무조건 지구온난화 문제로 삼는 것은 바람직하지 않다. 지구온난화 논쟁은 과학적인 영역이다. 신념이나 믿음의 대상으로 삼지 말고 과학적이고 합리적인 자세로 기후변화에 대처해나가는 것이 필요하다. 우리에게 필요한 것은 공포심이 아니라 과학이다.

독자들은 이 책을 통해 경제성장이 환경을 개선하고 사람들의 삶을 질적으로 향상시켰음을 확인할 수 있을 것이다. 앞으로 환경 이슈는 계속 우리 사회에서 제기될 것이다. 환경 문제를 우려해 극단적인 종말론에 빠지지 않기를 바란다. 환경 문제를 해결하려면 시장경제의 발전이 함께해야 하며, 경제가 발전하는 만큼 환경 문제도 개선할 수 있다. 그리고 우리 모두의 삶이 윤택해질 것이다.

차례

환경을 망치는
환경주의자들

진실이 아닌 과학은 아무것도 아니며,
진실이 정책과 타협하기란 아주 힘든 일이다.

- 테렌스 컬리, 『과학연구의 경제법칙』 중에서 -

그린피스의 창립자가
그린피스를 떠난 이유

패트릭 무어와 그린피스

패트릭 무어Patrick Moore는 캐나다 출신의 세계적인 환경 전문가다. 브리티시콜롬비아대학교에서 생태학을 공부해 박사 학위를 취득했다. 지난 30여 년간 그는 지구 환경과 생태 그리고 원자력 분야에서 국제적인 업적을 쌓아 왔다.

무어는 우리나라의 원전 기술과 안전도를 높게 평가하는 등 한국의 원자력 산업에도 관심이 많다. 2011년 일본 후쿠시마에서 원전 사고가 났을 땐, 원전의 구조적 문제라는 세간의 분석과는 달리 비상 전원을 공급하는 펌프가 물에 잠긴 데 따른 사고라고 소신을 밝힌 걸로도 유명하다.

하지만 무어를 유명하게 만든 건 아무래도 그가 '그린

피스Green Peace'의 창립 멤버이자 동시에 탈퇴한 멤버라는 이력 때문이다. 젊은 시절 무어는 핵무기 개발에 반대하고 고래 포경에 반대하는 등 강경한 환경 운동가였다. 1971년 그린피스를 창립한 것도 그런 활동의 일환이었다.

그린피스는 미국의 알래스카 핵 실험, 캐나다의 물개 사냥, 일본의 고래 포경, 프랑스의 남태평양 핵 실험 등 굵직굵직한 환경 분쟁의 현장에서 반대 시위를 한 걸로 유명한 세계적인 환경 보호 단체다. 그린피스가 한국에 알려지게 된 계기 역시 이런 시위 활동 덕이었다. 1993년 옛 소련이 붕괴한 뒤 재정난에 시달리던 러시아가 동해에 방사능 폐기물을 몰래 버렸을 때 그린피스가 이를 감지하고 동해에서 반대 시위를 벌인 바 있다.

무어는 그런 그린피스에서 창립 멤버, 이사, 대표를 두루 역임했다. 하지만 1986년 돌연 무어는 "그린피스는 틀렸다"라고 선언하며 자신이 만든 단체와 결별하고 말았다. 15년 동안 그와 그린피스 사이에선 무슨 일이 있었던 걸까?

그린피스는 설립 초기 핵 실험 반대와 고래 보호 운동에 주력하던 단체였다. 핵 실험 반대는 핵물리학 지식에서, 고래 보호는 해양생물학 지식에서 나온 고민의 결과였다. 당연히 설립 초기 그린피스엔 전문적인 과학 공부를 한 사람들이 많았다. 당장 무어 본인이 생태학 박사였으니 말이다.

하지만 그린피스엔 시간이 흐를수록 정식 과학 교육을 받은 이들보다 정치 운동가나 환경 사업가, 언론인들의 숫자가 더 많아졌다. 그러면서 정치적인 의제를 선점하기 위해 과학적 객관성을 포기하는 모습이 늘어만 갔다. 무어가 "환경 감시자에게 필요한 건 과학이지 정치적 의제가 아니다"라며 정치로부터 자유로운 환경 운동을 촉구했지만 소용없었다.[1]

무어의 지적대로 그린피스가 저지른 과학적 오류는 그간 한두 가지가 아니다. 염소 사용을 반대한 것도 그중 하나다. 염소는 수돗물을 소독할 때 들어가는 약품이다. 의약품을 제조할 때도 흔히 사용된다. 인간의 공공 위생과 보건을 위해 염소는 반드시 필요한 것인데 그린피스는 이를 무조건적으로 반대했다.

그린피스가 화학 물질이라면 질색하는 것도 널리 알려진 사실이다. 플라스틱으로 물건을 만들 땐 플라스틱의 유연성을 높이기 위해 '가소제'라는 물질을 쓴다. 그런데 그린피스는 별다른 과학적 근거 없이 가소제의 사용에 반대했다. 사실상 플라스틱을 쓰지 말자는 얘기와 다를 게 없었다.

하지만 무어가 그린피스와 갈라서게 된 결정타는 에너지 분야에서의 갈등이었다. 그린피스는 수력도, 화력도, 원자력도 반대하는 그야말로 대안 없는 반대 운동을 벌였다. 수력은 대형 댐이 주변의 환경을 바꾸기에 안 되고, 화력은 대기 오염 때문에 안 되며, 원자력은 방사능 오염 때문에 안 된다는 주장이었다. 그렇다면 인류는 어디에서 전기를 구해야 한다는 말인가? 무어는 결국 "전기를 포기하자는 건 문명을 포기하자는 얘기"라고 지적하며 그린피스와 결별하고 말았다.[2]

그린피스는 세계 최대의 환경 단체로 개별 국가의 환경 운동에도 많은 영향을 끼쳤다. 영화에서 흔히 볼 수 있는 강경한 환경 운동가의 이미지는 상당 부분 그린피스의 활동에서 가져온 것이다. 냉전 시절 미국이나 소련 등 강대국 정부를 상대로 그린피스 시위대는 담대하게 싸웠다. 이들이 한때 국제적인 신뢰를 얻은 이유다.

하지만 그린피스의 활동은 이후 길을 잃었다. 극단주의와 정치적 의제를 앞세우고 대중을 상대로 공포의 캠페인을 벌였다. 그린피스가 점점 더 극단으로 치달았던 건 상당 부분 돈 때문이다. 조직을 운영하고 활동가들의 생계를 유지하려면 시민 단체도 돈이 필요하다. 활동이 극렬하고 정치적 편향성이 확실하고 대중의 공포심을 자극해야 기부금도 더 들어왔던 것이다. 기업들이 그린피스를 더욱 두려워할수록 기업들로부터의 기부금도 늘었다.

유감스럽게도 국내의 환경 단체들에게서도 이런 모습을 곧잘 볼 수 있다. 국내 최대의 환경 시민 단체인 환경운동연합의 최열 전 대표는 보조금 유용과 공금 횡령으로 대법원에서 징역 1년형을 받고 복역한 바 있다. 나라 안에서나 나라 밖에서나 환경 운동은 일반 대중의 지지를 잃어 가고 있다.[3]

그린피스에서 나온 패트릭 무어는 그 뒤 환경 운동가에

서 환경 컨설턴트로 변신했다. 그린피스 대신 '그린스피리트 스트래티지Greenspirit Strategies'라는 환경 컨설팅 단체를 만들었고 대표를 맡고 있다. 그는 이제 환경 지상주의가 아닌 환경과 과학의 지속 가능한 발전을 꿈꾼다. 지금도 무어를 비난하는 이들은 그를 변절자라고 부르지만 정작 변질된 건 무어가 아닌 그린피스가 아닐까? 무어의 변신에서 국내의 환경주의자들도 배울 점을 찾아보길 소망한다.

천성산 공사와
도롱뇽 재판

재판정으로 간 도롱뇽

천성산은 경상남도 양산에 있는 높이 900여 미터의 명산이다. 삼국 시대 원효 대사가 이곳에서 천 명의 스님들에게 화엄경을 설법해 모두 성인이 되게 했다는 데서 산의 이름이 유래했다.

2004년 이 산을 둘러싸고 국내 환경 단체들은 '철도공단'을 피고로, '도롱뇽'을 원고로 하는 황당한 소송을 제기했다. 산에 고속철도 공사를 하는데, 갑자기 도롱뇽 서식지가 발견됐으니 공사를 접거나 철도 노선을 다른 데로 옮겨야 한다는 주장이었다. 천성산 도롱뇽 소송은 국내에서 동물이 원고가 된 최초의 재판이기도 했다.

천성산은 산 정상 부근에 초원과 습지가 발달해 있고, 그 습지를 중심으로 도롱뇽을 비롯한 희귀 동식물이 많이 서식하고 있다. 문제는 철도를 놓으려면 산 아래를 관통하는 터널을 뚫어야 한다는 데 있었다. 환경 단체들은 터널을 굴착할 때 생기는 진동과 암반 폭파로 야기되는 충격이 천성산의 생태계에 나쁜 영향을 줄 거라고 주장했다. 그래서 고속철의 노선을 바꿔야 한다는 게 그들의 결론이었다.

보기에 따라서 천성산 논쟁은 대형 공사에 흔히 따라붙는 환경 단체의 문제 제기라고도 할 수 있다. 다만 환경 단체가 소송을 제기했던 땐 고속철 공사가 상당 부분 진행돼 노선을 바꾸기엔 너무 늦은 시점이란 게 어려운 점이었다.

대구와 부산을 잇는 천성산 노선이 정해진 건 도롱뇽 소송이 있기 10년 전인 1994년의 일이다. 그로부터 무려 10년이나 지난 시점에 노선을 변경하면 고속철 완공이 7년 이상 지연되고 총 손실은 17조 원이 넘을 거라는 절망적인 예측이 나왔다.[4]

불행히도 그 예측은 상당 부분 현실이 됐다. 1990년대 정부가 경부 고속철 계획을 세울 때 추정한 건설 비용은 6조 원을 넘지 않았다. 그런데 공사가 완료된 뒤 실제 투입된 비용을 계산해 보니 18조 원을 훨씬 넘었다.[5] 당초 예상치를 무려 세 배 이상 초과한 것이다. 2003년 논란이 시작된 이래 2006년 대법원이 공사 재개를 결정할 때까지 천성산으로 우리 사회가 치러야 했던 유무형의 손실은 이루 말할 수 없었다.

비전문가가 행세하는 환경 운동

천성산 논란이 파국으로 치달은 데에는 먼저 정부에게 1차적인 책임이 있다. 대형 공사에 들어갈 때마다 실시하는 정부의 환경 영향 평가가 엉터리였다. 천성산의 환경 영향 평가에선 산에 특별히 보호가 필요한 동식물이 없다고 보고됐는데 막상 공사에 들어가니 도롱뇽은 물론 환경부 지정 법정보호종이 서른 종 넘게 서식하는 걸로 드러났다.[6] 뒤늦게 정부는 환경 영향 평가가 부실했음을 인정했다.

그렇다고 사태의 책임을 공무원들에게만 돌리는 건 부당하다. 이른바 환경 운동가라고 불리는 이들의 처신도 이중적이었던 탓이다. 논란이 불거지자 정부는 여러 환경 단체들과 함께 천성산 공사의 타당성에 대한 환경조사를 실시했는데, 이 조사는 노선 재검토까지 포함된 것이었다. 이때 참여한 환경 단체들은 공사에 물려 있는 천문학적인 기회비용을 고려해 결국 공사 재개에 동의했다. 그런데 얼마 뒤 조사에 참여하지 않은 다른 운동가들의 비판이 들려오자 정부와의 합의는 온데간데없이 법원에 도롱뇽 소송을 제기한 것이다.

천성산 논란이 사회적 주목을 받을 무렵 지율 스님은 무기한 단식 투쟁으로 일약 환경 운동 스타가 됐다. 그는 천성산 안의 내원사라는 절의 비구니 스님이었는데 처음부터 터널 공사에 반대했다. 천성산 공사의 타당성을 재검토할 당시 조사 위원회에 참여하지 않은 인물이기도 하다. 도롱뇽 소송은 바로 지율을 중심으로 진행된 일이다.

지율은 종교인일 뿐 환경 전문가도 토목, 건설 전문가도 아니었다. 하지만 영향력만큼은 어지간한 관련 분야의 전문가를 뛰어넘었다. 정부와 법원이 중요한 결정을 내릴 때마다 지율은 반복적으로 단식에 돌입하며 여론을 휘저었다. 수십조 원의 국민 세금이 들어가는 국책 공사가 그렇게 비전문가의 입김에 휘둘리고 말았다. 지율은 그 뒤에도 낙동강 영주댐 공사 등 곳곳의 환경 분쟁에 모습을 비춰 국내 환경 운동의 상징적 인물로 자리 잡았다.

　환경과 개발의 관계는 단기적으론 어느 정도 상충할 수 있다. 그게 고속철도와 같은 대형 개발 공사라면 더욱 그럴 것이다. 천성산 터널 공사도 그중 하나였다.

　하지만 장기적으로 볼 때 개발이 환경을 파괴한다는 증거는 없다. 환경 운동가들은 천성산 터널 공사가 산의 생태계를 돌이킬 수 없이 파괴할 거라고 주장했다. 그렇다면 공사가 진행된 뒤 10년 가까이 흐른 지금 환경주의자들의 예상대로 천성산의 생태계는 무너졌을까?

　결론적으로 말해 그런 일은 일어나지 않았다. 파괴되기는커녕 천성산의 생태계는 더욱 풍성해졌다. 2014년 천성산에서 서식하는 생물종은 418종으로 2008년에 보고된 317종에서 101종이나 늘어난 걸로 나타났다.[7] 물론 생물종이 그냥 늘어난 건 아니다. 산의 주요 습지를 보호 지역으로 지정한 뒤 불필요한 출입을 제한하고 훼손된 지역을 복원하는 등 체계적으로 관리해 온 덕이다.

　천성산의 더 늘어난 생물종은 환경과 개발의 관계가 결코 상충하지 않을 뿐더러 인간이 관리하기에 따라 개발이

진행된 뒤 환경이 더 나은 모습을 갖출 수 있음을 보여준
다. 지금 어딘가에서 환경이 파괴되고 있다면 그건 환경을
보호하려는 인간의 의지가 부족한 탓이지 개발 자체 때문
은 아니라는 말이다.

　국내 최초의 동물 원고라는 화제의 중심이었던 천성산
의 도롱뇽들은 대법원 재판에서 패배했다. 하지만 현실에
서 도롱뇽들은 위험에 빠진 적도 없고 패배한 적도 없다.
도롱뇽 소송에서 진정 패배한 이들이 있다면 거짓으로 세
상을 속이려고 한 일부 환경주의자들뿐이다.

일회용 컵
보증금 소동

일회용 컵 보증금 환불 제도

환경을 생각한다는 이른바 환경주의자들은 일회용품을 무척 싫어한다. 일회용품이야말로 인간의 게으름이 환경을 파괴하는 상징과도 같다는 것이다. 환경주의자들이 자신들만 일회용품 쓰길 거부한다면야 뭐라고 딱히 신경쓸 일은 아니다. 그런데 환경주의자들은 다른 사람들도 자신들처럼 일회용품을 쓰지 않길 요구한다. 김대중과 노무현 두 정부는 이런 환경주의자들의 목소리에 경도되는 경우가 많았다.

2000년대 초반 김대중 정부는 이른바 일회용 컵 보증금 환불 제도를 도입했다. 법률의 정확한 명칭은 '자원의 절약과 재활용 촉진에 관한 법률'이다. 자원을 절약하고 재활용을 촉진한다는 취지는 나무랄 데 없었지만 그 방법론이 심히 꺼림칙하다. 상거래가 진행되는 중 컵이나 비닐봉투, 쇼핑백 등에 보증금을 수수하는 단계를 더하여 일회용품의 사용량을 줄이겠다는 것이었다. 요컨대 일회용품을 쓰기 불편하게 만들면 아무래도 덜 쓸 것이라는 발상이다. 재계와 시민들의 강력한 반대에도 환경부가 의지를 갖고 밀어붙인 결과 2003년 통계를 보면 개업한 커피전문점의 90퍼센트, 패스트푸드점의 100퍼센트가 이 제도에 참여한 걸로 나타났다.[8]

하지만 일회용 컵 보증금 규제는 결국 성공하지 못했다. 정부가 강권하니 일선 사업자들이야 어쩔 수 없이 참여해 참여율 자체는 높았지만 정작 일회용 컵의 사용량은 전혀 줄어들지 않았던 것이다. 사업자 입장에선 매상을 올려준 고마운 고객들에게 괜한 불편만 주는 민망한 상황이 연출됐다. 소비자 입장에서도 컵 보증금은 사실상 버리는 돈이 되고 말았다.

뭔가 개혁을 하거나 새로운 제도를 도입할 땐 그게 인간의 삶을 이전보다 더 편리하고 가치 있게 만들어야 지속이 가능하다. 일회용 컵 보증금 규제는 인간의 생활을 되레 더 불편하게 만들었다. 사람을 불편하게 만드는 식으로 뭔가 뜻을 이뤄 보겠다는 발상 자체가 애초 말이 안 되는 것이었다.

2008년 이명박 정부는 기업과 소비자 모두에게 원성이 자자했던 일회용 컵 보증금 제도를 폐지했다. 그러면서 보다 덜 불편하고 덜 강제적인 '일회용품 줄이기 자발적 협약'으로 대체했다. 보증금을 주고받는 식의 직접적인 규제 대신 고객이 매장에 개인 용기를 가져올 경우 음료 가격을 할인하는 인센티브를 제공하는 방식으로 바꾼 것이다.

일회용품 사용이 죄악인가?

일회용품 사용이 환경에 나쁘다는 건 현대인의 상식인 듯하다. 교양 있는 현대 문명인이라면 일회용품을 써선 안 될 것만 같다. 일회용품을 둘러싼 이런 인식은 놀랍게도 매우 과장됐고 근거도 부족한 현대 사회의 신화다.

음식점에서 식사를 하는 상황을 생각해 보자. 일회용

식기가 아닌 일반 식기를 쓰면 환경이 더 보호될까? 현실은 꼭 그렇지도 않다. 일반 식기를 쓰며 위생을 유지하려면 매번 식기를 깨끗이 씻어 사용해야 한다. 당연히 세척에 들어가는 물과 세제, 전기 에너지는 자원을 소모하고 환경을 오염시킨다. 그게 일회용품을 쓰고 소각할 때 야기되는 오염보다 환경에 더 낫다는 증거는 어디에도 없다.

반면 일회용 식기는 위생 면에서 일반 식기보다 확실한 우위에 있다. 일반 식기를 세척해 쓸 땐 확신하기 어려운 식품 위생이 일회용 식기를 쓸 땐 아주 확실하게 보장된다. 철저한 위생이 요구되는 의료 분야의 물품들 상당수가 일회용품인 게 다 이런 이유에서다. 예컨대 수술 용품은 대부분이 쓰고 나서 바로 폐기되는 일회용품이다. 수술 장갑, 반창고, 붕대, 주사기 등이 모두 그렇다. 우리 주변에서 볼 수 있는 일회용품의 대부분은 식품이나 의료 등 위생상의 필요가 있어 쓰는 것이며 일부 환경주의자들의 주장처럼 인간이 게을러서 쓰는 게 결코 아니다.

인간의 게으름이 환경을 망친다는 주장은 인간이 가진 시간의 가치를 그만큼 낮게 보는 데서 출발한다. 잠깐 시간을 내 설거지를 하면 그만큼 자연을 보호할 수 있는데 그걸

하기 싫어한다며 인간의 이기심을 개탄한다.

하지만 바쁜 현대인들에게 시간만큼 귀중한 자원도 없다. 그리고 제한된 시간을 더 가치 있는 데 사용하는 것이야말로 인간에게 할당된 자원의 낭비를 막는 일이다. 사람에 따라 그리고 상황에 따라 설거지보다 얼마든지 더 가치 있는 일이 기다리고 있을 수 있다. 한창 기말시험 준비에 바쁜 학생을 생각해 보자. 이 학생에겐 커피를 마시고 매번 컵을 씻는 것보단 종이컵을 쓰고 설거지할 시간을 아껴 공부에 투자하는 게 더 바람직한 일이다. 월말 보고서를 쓰느라고 정신없는 직장인의 상황도 이와 다르지 않을 것이다.

대부분의 현대인들에겐 일회용품을 쓰면서 절약한 시간을 자신의 과업에 투자하는 게 시간을 더 가치 있게 사용하는 길이다. 환경주의자들은 자연과 환경의 가치를 지나치게 신성시한 나머지 인간에게 주어진 한정된 시간의 가치를 인정하지 않는다. 일회용품과 일반 용품을 놓고 개별 경제 주체들이 스스로 판단해서 선택할 수 있는 자유를 빼앗는다.

백 번 양보해서 일반 용품이 환경 보호에 확실히 더 우월하다고 해도 그게 일회용품을 쓰지 말라는 반증은 되지 못한다. 그런 식이라면 일회용품만이 문제가 아니라 인간이 하는 활동 모두가 문제가 될 것이다. 인간의 활동은 그게 뭐든 정도의 차이만 있을 뿐 환경을 오염시킨다. 환경을 신성시하는 사고는 자칫 인간이 하는 모든 활동을, 더 나아가 인간의 존재까지도 부정하는 환경 근본주의적 발상으로 이어질 수 있다. 인간의 능력으로 오염이 관리되는 범위 안에만 있다면 그게 일회용품 사용이든 다른 무엇이든 허용하는 게 옳다.

환경 정치꾼들이 만든
교토의정서

리우환경회의

　20세기 말과 21세기 초는 가히 국제 환경 회의의 시대였다. 이런저런 이름도 생소한 환경 회의가 참 많이도 열렸다. 그중 일반 대중의 귀에도 익숙한 게 1992년 브라질 리우데자네이루에서 열린 이른바 '리우회의'다.

　리우회의는 유엔이 주도한 전 세계적인 수준의 환경 개발 회의다. 냉전의 시대가 끝나가면서 새롭게 국제 현안으로 주목받던 환경 문제에 대해 국제적 차원의 대응책을 마련할 목적으로 개최됐다. 당시로선 유례없는 규모인 118개 나라의 정상들이 참여해서 '지구정상회의Earth Summit'라고도 불렸다.[9]

리우회의에서 합의된 걸 보면 크게 지구온난화에 대응하자는 기후변화 협약, 생물종 감소에 대응하자는 생물다양성 보존 협약, 숲을 지키자는 산림 원칙 등을 들 수 있다. 나중의 일이지만 이들 세 합의 중 특히 기후변화 협약이 두고두고 문제가 됐다. 지금도 잊을 만하면 신문에 실리는 교토의정서나 온실가스 배출권 논란 등이 모두 여기에서 나왔다.

요즘 말이 많은 교토의정서는 리우 기후변화 협약의 구체적인 실행 지침서 같은 것이다. 리우 기우변화 협약이 환경을 지키자는 수준의 막연한 합의문이었다면 1997년에 만들어진 교토의정서는 세계 각국이 온실가스 배출량을 언제까지 얼마나 줄일지에 대한 구체적인 연도와 감축량을 정한 계획표라고 할 수 있다. 계획에 따르면 각국은 2008년에서 2012년까지를 1차 감축 기간으로 정하고 이때의 온실가스 배출량을 1990년 대비 5.2퍼센트 줄이기로 결정했다.[10]

교토의정서를 둘러싸고 말이 많은 건 지금 이 계획을 따르는 나라가 별로 없다는 데 있다. 현재 교토의정서는 거의 휴지 조각 비슷하게 사문화된 신세다. 온실가스 최대 배출국인 미국은 이미 오래전에 교토 체제에서 탈퇴했다. 교토 체제를 주도한 일본도 정작 자신들은 여기에서 빠져나갔다. 미국 못지않게 온실가스를 배출하는 중국과 인도는 아직 개발도상국이라서 감축 의무가 없다. 상황이 이러니 러시아나 캐나다 등 다른 주요 국가들도 참여하길 거부한 상태다. 2015년 현재 온실가스 배출권 시장을 국가 단위에서 운영하고 있는 나라는 유럽연합 회원국들과 호주, 한국 정도다.

1992년의 리우회의와 1997년의 교토의정서를 놓고 각국의 환경 운동가들은 환경주의의 최대 승리라고 자랑했다. 그랬던 환경주의의 결실들이 21세기에 와서 왜 이 지경에 이르렀을까?

강대국 정치꾼들에게 이용당하는 국제 환경 회의

리우회의와 교토의정서가 실패로 돌아간 건 이들이 태어날 때부터 어느 정도 예견된 결과다. 몇몇 강대국 출신 정치인들과 환경 운동가들이 자신들의 사리사욕을 채우기 위해 국제 환경 회의를 이용한 탓이다.

미국의 정치인들은 국제 환경 회의를 정치적 목적으로 잘 이용한다. 민주당 계열의 정치인들이 특히 그렇다. 비록 실패했지만 앨 고어AI Gore는 한때 환경주의자들의 환심을 사 백악관의 주인이 되려고 했다. 고어는 리우환경회의와도 인연이 깊다. 본래 고어가 스타 정치인이 될 수 있었던 것은 1992년 여름 리우회의에 참석해 당시 부시 행정부의 환경 정책을 강력히 비난하며 세상의 이목을 끈 덕이다. 같은 해 겨울 고어는 클린턴 행정부의 부통령이 됐다.

미국 이상으로 환경 이슈를 좋아하는 게 유럽의 정치인들이다. 영국 보수당의 지도자 데이비드 캐머런David Cameron은 야당 시절 당의 로고에 푸른 나무를 그려 넣고 환경 보호를 당의 최우선 강령으로 삼았다. 2010년 보수당의 바뀐 로고가 첫선을 보였을 때 영국 시민의 상당수는 그게 당연히 녹색당의 로고일 거라고 생각했다고 한다. 그 덕분인지 몰라도 보수당은 그해 선거에서 노동당을 이겼고 지금까지도 집권을 이어오고 있다.

사실 유럽은 환경을 선거 이슈로 활용하는 좌파 세력이 무척 강하기에 보수당의 이런 선택엔 어쩔 수 없는 측면도 있다. 리우회의나 교토의정서가 논의될 때 유럽의 좌파 정치인들은 자신들이 마치 지구 환경의 구원자라도 되는 양 행동했다.

환경을 무기로 정치를 하는 건 각국 정치인들만의 전유물이 아니다. 놀랍게도 환경 관련 국제기구들도 환경을 갖고 장사를 한다. 예컨대 유엔 산하기구인 유엔 정부간기후변화위원회는 연구비를 받기 위해 뻔히 거짓인 줄 알면서도 히말라야 빙하가 곧 녹아 없어질 거라는 허위 주장을 반복하다가 들통 나기도 했다.[11] 이 기구는 2007년 앨 고어와 함께 환경 분야에서의 국제적 업적을 이유로 노벨 평화상을 공동 수상한 기관이기도 하다.

환경 문제는 특성상 한 나라의 국경 안에서 마무리되는 문제가 아니다. 오염 물질의 전파는 인간이 만든 국경선을 지키지 않기 때문이다. 중국에서 발생한 황사가 한국과 일본은 물론 태평양 너머 미국까지 영향을 준다는 점을 생각해 보자. 그래서 환경 문제는 국제적인 논의와 협상이 자주 열리는 분야이기도 하다.

하지만 환경 문제는 우리의 생각보다 가치 중립적인 이슈가 아니며 강대국과 거기에 속한 정치인들의 이해관계에 휘둘리기 쉽다. 앨 고어 외에도 미국의 여러 정치인들은 국제 환경 회의를 자신의 이름을 알리는 정치 선전의 도구로 활용했다. 정작 미국이란 나라는 교토 체제가 자국 산업을 보호하는 데 방해되자 숱한 국제적 비난에도 탈퇴해 버렸는데 말이다.

유럽의 정치인들도 마찬가지다. 지금 유럽연합 회원국들은 온실가스를 규제하자는 교토 체제에 성실히 협조하는 것처럼 보인다. 하지만 여기에도 숨은 이유는 있다. 유럽은 환경 산업과 환경 관련 기술이 잘 발달된 곳이다. 기왕에 만든 국제 협약이라면 교토의정서의 내용을 잘 따라 명분도 지키고 향후 형성될 저탄소 산업 시장도 선점해 실리도 챙기겠다는 의도가 숨어 있다. 온실가스 규제는 명분일 뿐 유럽도 속내는 자신들의 이익 확보에 맞춰져 있는 것이다.

어느 국제회의나 각 나라들의 이익 추구의 장이며 환경 관련 국제회의라고 예외는 아니다. 지구를 구하자는 거룩한 슬로건이 나부끼는 국제 환경 회의장의 이면엔 나라별, 정치인별, 환경 단체별로 치열한 머리싸움이 진행되고 있다. 자신들의 이익을 위해서라면 허위와 기만, 거짓말도 서

습지 않는다. 리우회의와 교토의정서의 실패는 그렇게 수십 년 전에 예정돼 있었다. 우리의 정책 결정권자들과 여론 주도층 그리고 환경주의자들까지 포함해 그들의 그럴듯한 말 잔치에 부화뇌동해선 안 될 일이다.

환경 위기론,
그 진실은?

인간은 자원을 소모하기만 하는 소비자가 아니라
그 자체로 가장 우수한 생산자이자 혁신자다.

인구 증가가
환경에 해로울까

맬서스가 그린 종말론적 미래

영국의 사상가 토머스 맬서스Thomas Robert Malthus는 1798년『인구론』이란 인류사에 크나큰 영향을 미칠 책을 저술했다. 그는 이 책에서 식량의 증산 속도와 인구의 증가 속도를 비교해 보건대 인류는 머지않아 심각한 식량난에 직면할 거라고 예언했다.

현대인의 귀에도 익숙한 "식량은 산술급수적으로 증가하는데 인구는 기하급수적으로 증가한다"라는 표현은 맬서스에게서 나온 말이다. 산술급수算術級數란 1, 2, 3, 4, 5, … 식으로 증가하는 것이고 기하급수幾何級數란 1, 2, 4, 8, 16, … 식으로 증가하는 것을 의미한다. 식량과 인구의 격차가 이런 식으로 벌어진다면 인류는 결코 버틸 수 없을 것이다. 인류의 미래를 근심한 맬서스는 『인구론』의 결론을 토대로 빈민층을 대상으로 하는 불임 시술을 제안하는 등 적극적인 인구 관리 정책을 주문하기도 했다.

맬서스의 예상은 다행히도 오래지 않아 사실이 아닌 걸로 드러났다. 하지만 그의 종말론적 미래관은 오늘날에도 이어지고 있다. 1968년 일단의 지식인과 과학자들은 '로마클럽Club of Rome'이란 비영리 연구 기관을 만들었다. 로마클럽은 환경오염과 자원의 고갈 추세를 감안할 때, 인류는 백년 이내에 성장의 한계에 직면하게 될 거라고 경고했다. 물론 이들의 주장도 사실이 아닌 걸로 판명됐다.

맬서스와 로마클럽의 예상은 빗나갔지만 그들의 주장은 지구 반대편에 있는 우리나라에도 제법 큰 영향을 미쳤다. '덮어놓고 낳다 보면 거지꼴을 못 면한다'라고 부르짖었던 1960~1980년대의 산아 제한 정책이 그렇다. 우리의 가족계획 정책은 전 세계적으로도 유례없는 성공을 거뒀다. 어찌 보면 우리나라는 20세기 맬서스의 가장 충실한 계승자였던 셈이다.

맬서스의 예상이 빗나간 이유는 뭘까? 맬서스는 살아 있을 때도 이름난 경제학자였으며,『인구론』의 이론적 근거도 경제학적 배경을 토대로 하고 있다. 바로 오늘날 경제학원론에도 나오는 '수확 체감의 법칙law of diminishing returns'이다.

수확 체감이란 재화를 생산할 때 자본이나 노동 등 개별 생산요소를 늘리면 전체 생산량(총생산)은 증가하지만 생산량이 일정 수준을 넘어서면 생산량 증가분(한계생산)은 점차 줄어드는 현상이다. 쉽게 말해보자. 인구가 늘면 인류는 농사에 투입하는 농부의 숫자를 늘릴 것이다. 하지만 농사에서 가장 중요한 토지의 규모는 일정하니 농부의 수를 무한정 늘린다고 해서 농산물도 그만큼 따라 증가하진 않는다. 앞서 말한 식량과 인구 간의 격차는 여기에서 발생하고 따라서 식량난은 피하기 어렵다고 맬서스는 생각했다.

맬서스의 예상이 빗나간 이유를 오늘날 우리는 잘 안다. 비록 땅은 늘지 않았지만 과학 기술이 비약적으로 진보했다. 농업 기술이 진보하면서 자본과 노동 모두 생산성이 크게 증가했다. 생물학이 발달하면서 단위당 산출량이 더 많은 종자가 나왔고 기계공학이 발달하면서 더 뛰어난 성능의 농기계가 나왔다. 경제학적으로 말하자면 기술 진보로 농산물의 공급 곡선 자체가 위로 이동해 생산량이 늘어난 것이다.

사실 맬서스가 주목한 수확 체감의 법칙 자체가 본래 장기보단 단기에 더 들어맞는 이론이다. 단기엔 기술 수준이 일정하다. 하지만 장기엔 기술 수준 역시 노동이나 자본의 투입량만큼 유동적으로 바뀌는 변수다. 산업혁명이 본

격화하기 전에 살았던 맬서스로선 농업 기술이 진보해 수확 체감을 극복할 거라는 예상까지 하긴 어려웠을 것이다.

맬서스가 틀린 데는 보다 본질적인 이유가 있다. 그가 사람의 가치를 몰랐다는 점이다. 맬서스에게 인간은 그저 지구의 자원을 소비하기만 하는 존재였다. 그러니 자연 자원이 일정한데 인구가 늘면 인류 전체가 위험에 빠질 거라는 결론은 당연한 것이었다. 하지만 사람은 그 자체로 혁신적인 자원이다. 더 많은 인구에서 더 많은 인재가 나오는 건 당연한 이치다. 당연히 과학 기술이나 공학에 재능이 있는 사람도 많아진다. 맬서스가 기술의 진보를 예상하지 못한 건 시대적인 한계도 있지만 결국 그가 기술의 진보를 이끌 인간의 능력을 신뢰하지 않았던 탓이 크다.

현대 인류는 자원과 환경을 덜 소모하면서 늘어난 인구를 먹여 살리는 뛰어난 과학과 기술들을 창조해냈다. 인간은 자원을 소모하기만 하는 소비자가 아니라 그 자체로 가장 우수한 생산자이자 혁신자다. 인류의 근현대사는 맬서스와 그의 뒤를 이은 로마클럽의 생각과는 달리 늘어난 인구가 그만큼 질적으로도 양적으로도 늘어난 아이디어를 바탕으로 과학 기술 문명을 혁신시킨 역사라고 할 수 있다.

인구 증가를 걱정했던 맬서스로선 민망스럽겠지만 현대 선진 국가들은 뜻밖에도 인구 감소 추세를 더 근심하고 있다. 우리나라를 비롯하여 일본, 서유럽 등지에서는 인구 노령화가 국가적 차원의 문제로 대두됐고 그중엔 이미 인구 감소에 시달리는 나라들도 있다. 한때 산아 제한의 세계적 모범 국가였던 우리나라는 2006년 가족계획 표어를 '낳을수록 희망가득 기를수록 행복가득'으로 바꾸었다.[12]

어쩌면 인류의 미래는 맬서스나 로마클럽이 얘기한 바 있는 암울한 모습일지도 모른다. 하지만 그건 자연 자원이 부족해서도 아니고 환경오염 때문도 아니다. 맬서스가 말한 인구 폭탄 때문은 더더욱 아닐 것이다. 지금 몇몇 선진국들의 상황을 지켜보건대 만약 인류에게 위기가 온다면 그건 문명의 혁신이 지속될 만큼 충분한 규모의 인구를 유지하지 못해서일 것이다. 인간이야말로 무엇보다 중요한 근본 자원이기에 그렇다.

원전을 향한
근거 없는 공포

일본 후쿠시마의 비극

2011년 3월 일본 동북부 방향 태평양 해역에서 리히터 규모 9.0의 강력한 지진이 발생했다. 지진의 영향으로 태평양 연안의 일본 도시들을 향해 거대한 쓰나미가 일었다. 해일로 죽거나 실종된 사람만 2만 명 가까이 됐고 다친 사람도 6천여 명에 이르렀다. 고향을 잃은 이재민은 수십만 명이었다.[13] 동일본 대지진은 일본 지진 역사상 가장 강력했으며 20세기 초 현대적 지진 관측이 시작된 이래 세계에서 가장 강한 다섯 번째 지진으로 기록됐다.

지진과 해일만으로도 크나큰 자연 재해였는데 곧이어 더 큰 비극이 터졌으니 쓰나미의 영향권에 있던 후쿠시마

현에 원자로 네 기가 있었다는 것이다. 상식적으로 예상할 수 없는 자연 재해에 도쿄전력은 제때 대응하지 못했고 이른바 '멜트다운Meltdown'이라는 원자로가 녹아내리는 사고가 일어났다. 광범위한 방사능 오염이 발생했고 발전소 근방은 더 이상 사람이 살 수 없는 지역이 됐다.

후쿠시마 원전 사고는 일본은 물론 전 세계에 반원전 분위기를 불러왔다. 비극의 당사자인 일본은 일시적이었지만 오십여 기에 이르는 나라 안의 전체 원자로를 가동 정지했다. 원전 사고가 발생한 상황인 만큼 원자로를 일제 점검한다는 차원의 조치였지만 한때 원전 산업 자체를 포기하는 게 아니냐는 의구심을 불러일으키기도 했다.

사실 반원전 분위기는 미국의 스리마일 원전 사고나 옛 소련의 체르노빌 원전 사고 때도 있었다. 원전 사고가 일어난 뒤 원전과 방사능 피해를 두려워하는 대중의 반응은 자연스러운 것이다. 하지만 그렇다고 이들 나라가 사고 뒤 원전을 포기하는 일은 하지 않았다. 미국과 러시아는 여전히 세계 최대 수준의 원자로 보유국이며 스리마일 원전의 경우 심지어 재가동에 들어가기도 했다.

후쿠시마 원전 사고는 분명 비극이다. 하지만 이를 이유로 원자력은 위험한 에너지라고 주장하는 건 지나친 비약이다. 먼저 후쿠시마 사고의 원인은 인재人災가 아니었다. 해저 지진에 따른 쓰나미라는 인간의 힘으론 도저히 어찌할 수 없는 자연 재해였다. 인간은 자연 재해를 예측하려 최대한 노력하고 그에 따라 대비해야겠지만 그렇다고 모든 재해를 막긴 어려운 것이다.

예를 들어 보자. 전망 좋은 해안가에 아파트가 줄지어 서 있는데, 쓰나미로 아파트 주민을 중심으로 많은 인명 피해가 났다고 하자. 비극의 원인이 쓰나미 때문인가? 아니면 아파트 때문인가? 아파트 때문이라면 앞으로 아파트를 안 지을 건가? 아파트는 되는데, 원전은 안 된다는 건 논리의 모순이다.

원자력은 위험한 에너지라는 일부의 주장은 다른 발전 유형들과 비교해 봐도 불공평하다. 물론 원전에게 사고가 없다는 말은 아니다. 하지만 발전량 대비 사고율은 다른 발전 형태에 비해 지극히 낮다. 그건 원전이 그만큼 안전하게 관리되기 때문이기도 하고 동시에 원전의 발전량이 그만큼 많기 때문이기도 하다.

예컨대 항공 사고는 한 번 났다 하면 생존율이 극히 낮은 대형 사고이기에 비행기가 무척 위험한 수송 수단인 것처럼 느껴진다. 하지만 운전 거리 대비 사고율을 놓고 보면 비행기는 자동차나 선박 등과는 비교할 수 없이 안전하다. 항공 사고를 이유로 비행기 이용을 금지하자고 주장하는 이가 있다면 정신 나간 사람 취급을 받을 것이다. 원전도 마찬가지다.

원자력 발전은 지금까지 인류가 개발한 에너지 중 가장 깨끗하고 효율적인 친환경 에너지다. 수력은 효율성이 낮은 데다가 댐이나 보를 건설하면 수몰 지역도 생기고 주변 환경도 바뀐다. 화력은 어찌 됐든 제한된 석유나 석탄을 소모한다. 풍력이나 조력 발전은 아직까지 존재감조차 없고 앞으로도 그럴 가능성이 크다. 원자력이 아닌 다른 대안을 이야기하기엔 아직 인류는 갈 길이 먼 것이다.

원자력은 퍽 양면적인 성격을 가졌다. 에너지로 사용되지만 무기로도 쓸 수 있어서다. 사실 원전에 대한 대중의 근거 없는 공포는 상당 부분 무기로서의 원자력과 에너지로

서의 원자력을 구분하지 않기에 발생하는 측면도 있다. 무기로서 원자력을 이용하는 일은 인류의 생존과 번영을 위해서라도 반대하는 게 타당하다. 히로시마와 나가사키에서 피어난 버섯구름의 참상은 수십 년이 지난 지금까지도 인류의 뇌리에 생생하다. 머리 위로 북한 핵을 이고 사는 우리로선 더욱 원자력의 평화적 이용을 강조해야 한다.

하지만 원자력을 에너지로 이용하는 것까지 반대하는 건 명분도 없고 대안도 없는 그야말로 반대를 위한 반대일 뿐이다. 원전은 2014년 우리나라 전체 에너지 발전량의 30퍼센트를 담당하고 있다.[14] 전 세계 상당수 산업 국가들의 사정도 우리와 비슷하다. 미국 다음의 원전 대국인 프랑스는 에너지 발전량의 무려 75퍼센트를 원전에 의지하고 있다. 원전이 문을 닫는다면 당장 전 세계적인 에너지 대란과 경제위기가 닥칠 것이다. 무작정 원전을 반대하는 건 하나만 알고 둘은 모르는 것이다.

우리가 후쿠시마로부터 교훈을 얻는다면 그건 원전을 없애자는 식의 퇴행적인 게 아닌 앞으로 더 나은 원전을 만들자는 진보적인 방향이어야 한다. 스리마일, 체르노빌의 비극을 발판 삼아 인류는 더 나은 원전을 만들어 왔다. 후쿠시마도 마찬가지다. 스리마일, 체르노빌을 통해 원전 사고에서 인재의 가능성에 주목하고 위험을 통제해 왔다면 후쿠시마를 계기로는 사고의 가능성을 자연 재해까지 넓혀 그같은 비극이 반복되지 않게끔 철저히 준비하자. 원전은 위험하고 무조건 안 된다는 주장이야말로 후쿠시마의 비극으로부터 진정 아무것도 배우지 못한 발상일 뿐이다.

생물종 멸종이
정말 지구 환경에 재앙일까

공룡은 왜 멸종했나?

오랜 세월 땅속에 묻혀 있던 공룡의 화석이 발견될 때마다 인류는 남모를 영감에 젖는다. 오랜 옛날엔 인간 크기의 몇 배에 달하는 동물들이 이 별에 살았다니 전혀 다른 세계의 이야기 같기 때문이다. 아이들이 공룡 만화나 영화에 빠져드는 것도 공룡이 주는 이미지가 그만큼 신비하기 때문일 테다.

중생대 지구를 지배했던 공룡이 왜 사라졌는지는 인류의 오랜 수수께끼다. 오랜 시간 동안 과학자들은 그 수수께끼를 풀고자 노력해 왔다. 그건 아이와 같은 순수한 호기심의 발로일 수도 있고 인류에게 행여 있을 그 같은 화를 피하자는 반면교사의 목적일 수도 있다.

지금까지의 연구 결과를 놓고 보면 6,500만 년 전 중생대에서 신생대로 넘어갈 무렵의 급격한 기후 변화가 공룡 멸망의 원인이었던 것 같다. 기후 변화를 부른 요인은 학자들에 따라 의견이 나뉜다. 현재로선 멕시코 유카탄반도에 거대 운석이 떨어져 발생한 충격으로 지구의 기후가 바뀌었다는 설이 가장 유력하다. 그밖에 인도 데칸고원의 화산 활동에 따른 기후 변화를 주장하는 학자들도 일부 있다.

공룡의 멸망은 워낙 오래전에 있었던 일인지라 현재 인류가 가진 최신 과학으로도 완전히 알기 어렵다. 멸망이란 사건 자체도 어느 한순간에 일어난 게 아니라 수천, 수만 년에 걸쳐 점진적으로 진행됐을 거라고 하니 정확한 원인을 알기 위해선 더 많은 연구가 필요할 것이다.[15]

생물종 멸종은 항상 있어 온 자연스러운 현상이다

일반 대중에게 생물종 멸종은 공룡이 멸망한 중생대 백악기 대멸종이 가장 유명하다. 하지만 백악기의 일이 지구에서 있었던 유일한 멸종 사례는 아니다. 지구상에 생명체가 출현한 이래 생물종 대멸종은 과학자들이 추정한 것만 고생대에 세 차례, 중생대에 두 차례, 모두 다섯 차례나 있었다.

먼저 고생대에 대멸종이 세 차례 있었다. '1차 대멸종(오르도비스기)' 때 전체 생물종의 50퍼센트, '2차 대멸종(데본기)' 땐 70퍼센트가 사라졌다. 말이 50퍼센트이고 사실은 70퍼센트로 당시에 살았던 생물들로선 거의 모두에게 대재난 수준의 상황이었을 것이다. 설상가상으로 '3차 대멸종(페름기)'은 당시 바다 생물종의 96퍼센트, 육지 생물종의 70퍼센트를 없애 버렸다.[16] 멸종률 96퍼센트면 사실상 바다가 텅 비어 버린 것과 같다. 이렇게 지독한 3차 대멸종을 과학자들은 따로 떼어내 '모든 멸종의 어머니'라고도 부른다. 하지만 그런 지독한 상황 속에서도 지구에서 생명은 사라지지 않았고 생태계는 도도히 이어졌다.

중생대의 대멸종은 두 차례였다. 먼저 '4차 대멸종(트라이아스기)' 때 당시 지상을 지배하던 거대 파충류들이 공룡을 제외하고 대부분 사라졌다. '5차 대멸종(백악기)'이 바로 공룡이 멸종한 '백악기 대멸종'이다. 백악기라는 지질 시대가 일반인들의 귀에 익숙한 이유이기도 하다. 인류가 사는 신생대엔 아직 과거와 같은 수준의 대멸종은 없다.

　과거의 대멸종 사례를 길게 얘기한 건 멸종이 충격적이지만 그 또한 대자연의 섭리이기 때문이다. 하나의 생물종의 출현과 멸종은 한 단일 생물 개체의 탄생과 죽음만큼 자연스러운 현상이다. 그러니 어떤 생물종이 사라졌다고 해서 이를 무조건 환경 파괴라고 단정 짓는 건 지나치다.

　지금 관측되고 있는 생물종 감소 현상이 지구상의 여섯 번째 대멸종이라고 단언할 만큼 의미 있는 규모인지 학자들마다 의견이 갈린다. 몇몇 성격 급한 이들은 '6차 대멸종'이 진행 중이라고 단언하지만 생물종의 증감 여부조차 확인할 수 없다. 요즘도 학계엔 이제야 인간에게 발견돼 보고되는 생물종들이 있다. 생물학계는 아직 인간의 눈에 뜨이지 않은 생물종들이 지구상에 다수 존재할 거라고 추정한다. 인간이 지구 곳곳의 생물종 현황을 모두 다 파악하고 있는 게 아닌데도 생물종이 줄어든다고 단언하는 건 아무래도 비과학적이다.

　백 번 양보해 생물종의 규모가 다소 감소한 게 사실이라면 어떨까? 아주 부자연스러운, 인간이 매우 걱정해야 할

만한 일이 될까? 그렇지 않다. 멸종의 원인이 인간에 의한 환경 변화든 운석이나 화산 폭발과 같은 자연에 의한 환경 변화든 대자연은 달라진 환경에 맞춰 새로운 종을 출현시키기 때문이다.

고생대의 마지막을 장식한 3차 페름기 멸종으로 지구 생물종의 절대 다수가 사라졌지만 뒤이은 중생대에 생태계는 다시 새로운 종들로 지구를 가득 채웠다. 4차 트라이아스기 멸종으로 대부분의 파충류가 소멸한 덕에 공룡은 별다른 경쟁 없이 지구상의 지배적인 종이 될 수 있었다. 5차 백악기 멸종이 없었다면 공룡의 시대는 더 오래 지속됐을 테고 그러면 인류가 지구를 지배하는 일은 없었을지도 모른다.

가끔 신문을 보면 한반도 주변 바다의 수온이 달라져 어족 지형이 바뀌었다는 보도를 접하곤 한다. 그걸 두고 일부에선 환경이 파괴된 증거라고 주장하며 두려워한다. 하지만 과거 명태와 도루묵이 잡히던 어장이 오징어나 멸치가 잡히는 어장으로 바뀌었다고 해서 바다 생태계가 파괴됐다고 말할 수 있을까?

생물종의 순환은 체육 대회의 이어달리기 경기에서 선

수들이 바둑을 주고받는 모습과 비슷하다. 그전까지 존재하던 생물들이 사라지면 빈자리를 새로운 생물들이 차지한다. 또 이들이 사라지면 그 빈 공간을 다시 새로운 생물들이 넘겨받는다. 생물종은 멸종하는 게 아니라 서식 환경의 변화에 맞춰 종의 분포가 변화하는 것이다. 환경 파괴가 아닌 환경 변화, 생물종 멸종이라기보단 생물종 변화라고 부르는 게 중립적인 표현이다. 단기적으로 보면 생물종은 마치 멸종하는 것 같아 보이지만 장기적으로 보면 언제나 변화하는 중이다.

외래종은 우리 생태계를
파괴하는가

생태계의 무법자 황소개구리

황소개구리는 외래종에 의한 생태계 파괴를 얘기할 때면 빠지지 않고 등장하는 단골 명사다. 본래 황소개구리는 한반도에서 살던 종이 아니었다. 1970년대 농가 소득 증대를 위해 정부가 일부러 미국에서 들여온 동물이다. 고기를 얻기 위해 사육되던 종답게 덩치가 큰 데다가 우는 소리가 소의 울음소리와 비슷하다고 해서 황소개구리라는 이름이 붙었다. 황소개구리란 이름도 우리가 지어낸 게 아니라 이미 영어 이름이 'American bullfrog'다. 고기 맛은 닭고기와 비슷하다고 한다.

하지만 정부와 농민들의 기대와는 다르게 황소개구리

고기는 시장에서 별로 호응을 얻지 못했고 곧 농가의 천덕꾸러기 신세가 돼 버렸다. 처치가 곤란해진 농민들은 황소개구리를 주변의 강이나 냇가에 내다 버렸다. 외래종의 무단 방사는 요즘엔 생태계를 보호하자는 이유로 엄격히 금지된 일인데 예전엔 아무래도 관리가 느슨했던 모양이다. 그렇게 우리가 아는 생태계의 무법자 황소개구리 이야기가 시작됐다.

본래 북미 지역에서 황소개구리는 악어에게 잡아먹히는 등 먹이 사슬상의 위치가 그다지 높지 않다. 그런데 한국에선 딱히 천적이 없어 길지 않은 시간 동안 개체 수가 크게 늘어났다. 한국의 토종 개구리들보다 덩치가 훨씬 커 동족을 잡아먹는 건 물론이고 상위 포식자인 새와 뱀까지 잡아먹을 정도였다. 그래서 1990년대에서 최근까지 외래종 유입에 따른 생태계 파괴를 얘기할 때면 항상 언급되는 동물이 됐다.

고립된 생태계에 외래종이 들어오면 당연히 기존 환경에 교란이 발생하고 변화가 일어난다. 하지만 외래종이 생태계를 파괴하는지 여부는 그리 단정적으로 볼 게 아니다. 인간의 눈엔 환경 파괴로 보이지만 실은 아주 자연스러운 생태계의 변화상인 경우가 대부분이기 때문이다.

크리스토퍼 콜럼버스Christopher Columbus가 신대륙을 발견한 이래 신대륙에서만 자생하던 감자, 고구마, 고추, 담배, 옥수수, 호박 등의 작물이 유럽으로 유입되고 이내 전 세계로 퍼져 나갔다. 특히 감자는 당시 유럽인들에게 '빈민의 빵'이라고 불리며 각광받았다. 고구마와 옥수수도 서민들에게 없어선 안 될 귀한 먹을거리로 자리 잡았다. 고추는 당시 금값이던 후추를 대신하는 향신료가 됐다. 신대륙의 발견은 지구 반대편의 우리에게도 큰 영향을 줬다. 우리에게 오랜 전통 음식으로 각인된 빨간 고춧물 든 김치는 놀랍게도 임진왜란 이후에나 등장한 꽤나 신식의 음식이다. 그전까진 추어탕에 넣는 검은 초피 가루를 고추의 대용품으로 썼다.[17]

생물종의 유입은 식물에만 그치지 않아 모피로 유명한 밍크나 추수감사절에 널리 쓰이는 칠면조 같은 동물도 구대륙에 처음 소개됐다. 신대륙과 구대륙 사이의 이러한 외래종의 교환을 가리켜 '콜럼버스의 교환Columbian exchange'이라고 부른다. 물론 예상치 못한 부작용도 더러 있었다. 천연두와 홍역이 이때 신대륙으로 처음 전파돼 아메리카 인디언의 인구가 격감하는 재앙을 불렀고 반대로 구대륙으론 매독이 넘어와 많은 유럽인들이 공포에 떨었다.[18] 하지만 후일의 역사를 놓고 볼 때 콜럼버스의 교환으로 인류가 득을 봤는지 실을 봤는지 여부는 명확하다.

긴 시간 범위로 보면 외래종의 유입은 매우 자연스러운 현상이다. 어떤 지역의 생태계와 생물상을 특정 시점으로 고정시키려는 시도야말로 되레 자연스럽지 못한 일이다. 외래종과 토착종 사이의 경쟁과 혼혈은 지구상에 생물이 출현한 이래 언제나 있어 왔다. 그 과정에서 대부분의 생물들은 서로 공존하는 법을 배운다. 물론 일부 멸종하는 생물종도 나오는 건 사실이다. 하지만 그 역시 자연 선택의 일부일 뿐이다. 이를 생태계 파괴라고 주장하는 건 옳지 않다.

외래종이 들어와 문제가 될 때면 정부가 즐겨 쓰는 수법이 하나 있는데, 바로 포상금 사냥꾼을 이용하는 것이다. 문제가 되는 외래종을 잡아 오면 마리당 얼마씩 주는 제도다. 잘나가는 포상금 사냥꾼은 해마다 수천만 원씩 번다고 한다. 사냥꾼이 받는 돈은 물론 모두 국민이 내는 세금에서 나가는 돈이다. 과거 황소개구리가 창궐할 때도 그랬고 블루길이나 큰입배스라는 고기가 나돌 때도 그랬다. 요즘엔 괴물쥐라고 불리는 뉴트리아 사냥에 그렇게 많은 포상금이 나간다고 한다.

우리 토종 개구리의 씨를 말리고 심지어 뱀까지 잡아먹는다고 원성이 자자했던 황소개구리는 언제부턴가 언론의 입길에 잘 오르지 않게 됐다. 포상금 사냥꾼 덕에 황소개구리가 우리 땅에서 완전히 소탕돼서 그런 걸까? 실상은 그것과 정반대다. 황소개구리가 국내에 들어온 지 상당한 시간이 흐르면서 토착종이 돼 우리 생태계의 일부가 됐기 때문이다. 이제 황소개구리에겐 먹이사슬상의 천적도 생겼다. 처음엔 황소개구리가 낯설어 먹지 않던 가물치, 너구리, 오리, 족제비 등이 황소개구리를 먹이로 인식하면서 황소개구리의 개체 수가 일정 수준에서 정착된 것이다.

정부가 국민 혈세까지 써 가며 외래종을 포획하는 걸 보면 외래종이 우리 생태계를 파괴한다는 근거 없는 주장을 정말로 굳게 믿는 듯하다. 하지만 자연 생태계는 인간의 생각보다 훨씬 위대해서 교란 요인이 발생해도 균형을 잘 찾아 간다. 몇몇 환경을 생각한다는 이들의 큰 목소리에 휘둘리는 인간 세상이 되레 균형을 찾지 못할 뿐이다.

지구온난화라는
현상은 없다

　지구가 따뜻해지고 있는지 추워지고 있는지 궁금하다
면 지구의 역사를 공부하면 된다. 지구라는 행성이 탄생하
고 생물이 살기 시작한 때부터 지구의 기온은 오르내리길
반복했다. 매머드가 살았던 빙하기처럼 아주 추웠던 시기
가 있었던 반면 대기 중에 온실가스가 많아 기온이 높았던
시기도 있었다. 우리가 잘 아는 공룡이 살았던 중생대는 지
금보다 대기 중에 온실가스도 많았고 기온도 훨씬 더 높았
던 시기다. 공룡이 유지했던 그 큰 덩치는 따뜻한 기후의
산물이었다.

　지구의 평균 기온은 생물이 출현한 시생대(선캄브리아

기) 무렵부터 조금씩 올라가다가 고생대와 중생대에 걸쳐 반복적으로 고점을 찍은 뒤에 우리가 사는 신생대엔 크게 내려가는 추세를 보이고 있다. 지구온난화를 걱정하는 일반적인 인식과는 다르게 인류가 사는 신생대는 과거 고생대나 중생대에 비해 명백히 춥다는 얘기다.

신생대는 총 6억 년에 가까운 지질 시대 중 6,500만 년밖에 차지하지 않는 등 비교적 길이가 짧은 시대다. 그런 신생대에 유독 지구가 추워진 이유는 뭘까? 바로 남극 대륙 때문이다.

과거 지구의 육지는 하나였다가 대륙 이동에 따라 분리돼 사방으로 흩어졌다. 현재와 같은 대륙 분포가 확정된

지질 시대 지구 평균 기온의 변화[19]

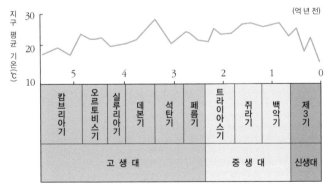

● 환경을 살리는 경제개발

게 바로 신생대의 일이다. 그런데 그중 거대한 땅덩이 하나가 하필 추운 극지방으로 내려가 버리는 바람에 지구상에 거대한 빙하 대륙이 형성됐다. 대륙 크기의 빙하는 지구 전체의 평균 기온을 함께 내려 버렸다. 그래서 기후학자들은 남극을 '지구의 에어컨'이라고 부른다. 실제로 전 세계 얼음의 90퍼센트가 남극에 있으니 이런 평가는 과장이 아니다.[20]

이런 신생대는 극지방의 빙하를 기준으로 빙하가 확장하는 시기인 빙하기Ice age와 후퇴하는 시기인 간빙기Interglacial age로 구성된다. 빙하기와 간빙기는 수만 년에서 십만 년 정도를 주기로 반복된다. 학자들은 신생대에 이미 네 번의 빙하기와 세 번의 간빙기가 순환해 왔음을 밝혀냈다. 그런 기온의 교차 속에서 전반적으로 신생대의 기온은 내려가고 있다. 신생대의 기온 저하 현상은 수천만 년 뒤 대륙이 움직여 남극이 다시 극지방에서 벗어난 뒤에야 회복된다고 한다.

　많은 사람들이 과거에 지구의 기온은 낮았다고 생각한다. 그런데 인간의 산업 활동으로 점점 대기가 뜨거워졌고 미래의 어느 순간에 인류는 자신들이 만들어낸 높은 기온에 말라 죽을 거라고 걱정한다.

　일반 대중이 생각하는 과거의 추웠던 시기란 기후학적으로 얘기하자면 지금으로부터 가장 최근의 빙하기인 네 번째 빙하기를 가리킨다. 들판에 매머드가 활보했고 인류는 구석기를 쓰던 무렵이다. 네 번째 빙하기는 대략 만 년 전에 끝났다.

　지금 우리가 사는 21세기 지구는 빙하기와 빙하기 사이의 시기이며 굳이 분류하자면 네 번째 빙하기에 이은 네 번째 간빙기에 해당한다. 이전에 있었던 세 번의 간빙기는 지금보다도 지구의 평균 기온이 더 높았다. 하지만 그때도 초기 인류를 위시로 한 생물들은 말라 죽지 않고 잘들 살았다. 학자들에 따라 다소 의견이 엇갈지만 이제 서서히 네 번째 간빙기가 끝나 가며 지구가 다시 다섯 번째 빙하기로 접어들고 있다고 주장하는 이들도 있다. 신생대의 기온 변

화 추세를 놓고 보면 앞으로 기온은 오르는 게 아니라 떨어질 가능성이 더 크다는 것이다.

지구가 따뜻해지고 있다는 주장의 핵심 근거는 이산화탄소를 중심으로 하는 이른바 온실가스가 대기 중에 늘고 있다는 것이다. 인류의 산업 활동으로 대기 중에 이산화탄소의 양이 돌이킬 수 없이 늘었고 그게 향후 지구의 환경을 돌이킬 수 없이 바꿀 거라고 주장한다.

하지만 조금만 따져 보면 이 주장은 무리인 걸 알 수 있다. 그간 인류가 방출한 이산화탄소는 애초 지구에 있었던 것이다. 인류가 태워 대기 중으로 날려 보낸 석탄과 석유는 과거 지구에서 살았던 식물과 동물의 몸속에 있었던 탄소가 주성분이다. 그리고 그 동식물들이 지니고 있던 탄소는 원시 때부터 이미 지구에 있었던 물질이다.

인간이 만물의 영장이긴 하지만 인간의 활동으로 지구의 대기가 흔들릴 만큼 지구가 만만한 존재는 아니다. 지구가 더워진다는 주장의 과학적 근거는 극히 부실하다. 과거 지구 기온의 변화 추세를 놓고 보면 오히려 기온은 떨어질 가능성마저 있다. 지구온난화라는 용어는 비과학적 마타도어Matador에 지나지 않은 것이다.[21]

경제가 살면
환경도 산다

그 사회가 가진 부의 수준이
그 사회가 누리는 환경의 수준을 결정한다.

디킨스의 눈에 비친 영국 산업혁명

찰스 디킨스의 '어려운 시절'

찰스 디킨스Charles Dickens는 영국 빅토리아 시대를 대표하는 언론인이자 소설가다. 구두쇠 스크루지 영감이 개과천선하는, 매년 크리스마스를 장식하는 소설 『크리스마스 캐럴』이 그의 대표작이다. 『올리버 트위스트』나 『두 도시 이야기』 등 그의 작품들은 많은 세계인의 사랑을 받았고 연극이나 뮤지컬, 영화로도 만들어졌다. 디킨스를 가리켜 유럽 소설의 전성기를 상징하는 작가라는 평이 나오는 이유다.

디킨스가 살았던 19세기는 영국의 전성기이기도 했다. 산업혁명이 절정에 달했고 영국은 해가 지지 않는 제국의 시대를 구가했다. 그래서인지 그의 작품엔 산업혁명 시기

영국 사회를 묘사하는 부분이 자주 나온다. 디킨스는 초기 산업사회의 부조리한 모습들, 예컨대 빈부격차나 환경오염으로 고통받는 도시와 사람들을 냉정하고 사실적인 시선으로 묘사했다. 1854년에 발표한 소설『어려운 시절Hard Times』에서 디킨스는 '코크타운'이라는 소설 속 가상의 도시를 다음과 같이 묘사했다.

"코크타운은 붉은 벽돌로 만들어진 도시였다. 어쩌면 붉은색이 아니었을 그 벽돌들은 연기와 재로 붉게 변했는지도 모른다. 도시엔 기계와 높은 굴뚝만이 있었고 거기에서 나오는 연기는 뱀처럼 끝이 보이지 않을 정도로 길게 뻗어 있었다. 그 도시엔 검은 운하가 흘렀다. 그리고 역겨운 냄새가 나는 자줏빛으로 염색된 강물이 흐르고 있었다."

산업화와 도시 환경의 관계

한창 산업화가 진행되는 사회일수록 대개 환경은 깨끗하지 못하다. 공장이 세워지고 건물이 올라가고 여러 공산품이 만들어지면서 소득 수준은 올라간다. 하지만 그 대가로 과거엔 볼 수 없었던 별별 산업 폐기물이 생겨난다. 아직 산업화 초기 단계라서 오염 물질을 정화할 만한 자본이나 기술, 노하우는 부족하다.

부족한 건 정화 기술이나 노하우만은 아니다. 산업화는 도시화와 함께 진행된다. 농촌에서 도시로 사람들이 끝없이 몰려든다는 얘기다. 19세기 초 100만 명이 조금 못 됐던 런던의 인구는 디킨스가 한창 작품 활동을 하던 19세기 중반엔 270만 명으로, 다시 20세기 초엔 660만 명으로 급팽창했다. 불과 한 세기 만에 도시의 인구가 여섯 배 이상 늘어난 것이다.[22]

그런데 아직 도시엔 주택, 공중화장실, 상하수도, 의료 시설과 같은 인프라가 모자랐다. 산업화 초기 유럽의 거리엔 마차에서 흘러나온 말똥이 뒹굴었고 공동묘지엔 처리하지 못한 시체가 넘쳐 났다. 상황이 이렇다 보니 도시에선 전염병이 발생하기 쉬웠고 한 번 발생하면 파급 효과도 치명적일 수밖에 없다. 근대 유럽의 도시에 콜레라 발생이 잦았던 이유다.

거창한 환경 파괴까지 언급하지 않더라도 깨끗한 물과 공기, 먹거리, 잠자리 등은 인간의 생존에 있어 가장 기본이 되는 요소이다. 이게 모자라면 사회적 불만과 혼란이 아주 쉽게 발생한다. 근대의 도시는 항상 더러웠고 항상 뭔가 모자랐다. 산업화, 공업화, 도시화, 근대화야말로 환경 오염의 뿌리이자 주범이라는 현대의 잘못된 신화가 생겨난 배경이다.

영국이 낳은 대문호 찰스 디킨스도 비슷한 생각을 가졌던 것 같다. 디킨스는 그의 작품 곳곳에서 산업혁명에 대해 비판적인 관점을 노출했다. 그의 소설 『어려운 시절』에서 묘사된 "뱀처럼 끝이 보이지 않을 정도로 길게 뻗은" 코크타운의 연기는 한때 수천 명의 목숨을 앗아간 악명 높았던 런던 스모그를 연상시킨다. 빅토리아 시대엔 석탄 검댕과 아침 안개가 결합한 런던의 누런 공기를 놓고 완두콩 수프라고 불렀다니 디킨스의 코크타운 묘사가 과장인 건 아니다. 디킨스가 10대 시절 런던의 한 구두약 공장에서 하루 열 시간씩 노동한 경험도 그의 문학관을 형성하는 데 일조했다고 한다. 19세기 구두약 공장의 노동 환경이 10대 소년에게 우호적인 환경이진 않았을 테니 말이다. 그러고 보면 산업혁명으로 전성기를 맞은 사회의 모습을 그린 소설의 제목이 '어려운 시절'인 점도 매우 아이러니하다.

하지만 역사를 돌이켜 보건대 산업화 시기의 환경오염은 영원하지 않았다. 오늘날 영국은 전 세계적으로 가장 산업화가 된 나라이면서 동시에 가장 깨끗한 환경을 가진 나라다. 한때 죽음의 강으로 불렸던 런던 템스 강엔 지금은 유람선이 다니고 물고기가 노닌다. 도시를 휩쓰는 전염병도 없고 거리엔 말똥도 매연도 없이 깨끗하다. 묘지에 묻히지 않은 시체가 있다면 해외 토픽에 나올 일이다. 런던에서 스모그란 현상이 사라진 지도 꽤 오래됐다.

디킨스가 만약 깨끗해진 현대 영국의 도시를 보게 된다면 코크타운을 묘사한 구절의 상당 부분을 다시 쓰지 않을까? 환경과 산업화의 관계는 생각만큼 단순하지 않으며 긴 시간의 흐름 속에서 파악되어야 한다. 산업화가 비록 잠시 동안엔 환경에 해가 될 수 있지만 장기적으로 볼 때 산업화와 경제발전만큼 환경을 보호하는 방법도 없기 때문이다. 어떻게 그런 반전이 가능하냐고? 그건 바로 산업화와 경제 개발을 통해 인류가 진보하기 때문이다. 그렇게 진보한 인류는 자연 환경을 이전보다 더 잘 보호할 수 있다. 오늘날 깨끗한 환경을 누리는 유럽 선진국의 모습이 그 명백한 증거라고 할 것이다.

환경 쿠즈네츠 곡선
이야기

쿠즈네츠 곡선

사이먼 쿠즈네츠Simon Kuznets는 우크라이나에서 태어난 유대인 경제학자다. 20대 때 미국으로 건너가 컬럼비아대학교에서 경제학을 공부했다. 미국경제조사국 연구원과 하버드대학교 교수를 지내면서 200여 편의 논문과 저서를 남기는 등 방대한 연구 실적으로 유명하다.

쿠즈네츠는 경제 현상을 역사적 관점에서 이해하길 좋아했다. 경제성장과 소득 증가, 그에 따른 사회의 변화상을 상당히 긴 시간의 관점에서 접근했다. 경제성장률이 15~20년의 주기를 갖고 순환하는 걸 밝혀낸 '쿠즈네츠 순환'이 특히 그렇다. 경기는 일정한 패턴을 갖고 주기적으로 오르내리길 반복하는데 그는 건축 경기가 경제 전반에 미치는 영향에 주목해 '쿠즈네츠 순환'을 도출해냈다.[23] 경제학을 통해 사회 구조의 변화상을 읽는 방법을 제시한 쿠즈네츠는 1971년 노벨 경제학상을 수상했다.

쿠즈네츠 순환 말고도 그는 오늘날 경제학 교과서 곳곳에서 등장한다. 역시 그의 이름을 딴 '쿠즈네츠 곡선'도 그중 하나다. 쿠즈네츠 곡선은 선진국에서 경제발전 단계에 따라 소득 격차의 정도가 어떻게 바뀌어 왔는지를 추적한 이론이다. 경제성장 초기엔 어느 나라나 분배보다 성장에 역점을 두기 마련이라 소득 격차가 늘어난다. 그러다가 일정 수준을 넘어 경제가 성장하면 점차 소득 불평등이 개선된다는 것이다. 이를 가로축을 경제성장 정도, 세로축을 소득 불평등 정도의 그래프로 나타내면 알파벳 U자를 뒤집은 모양새가 된다.

쿠즈네츠 곡선은 훗날 여러 학자들의 실증 검증을 통해 이론화됐다. 특히 세계은행의 경제학자 알루왈리아Montek Singh Ahluwlia가 62개국의 경제 통계를 근거로 다중 회귀 분석을 통해 쿠즈네츠 곡선을 검증한 게 유명하다. 알루왈리아의 검증에 따르면 소득 불평등 정도는 선진국보다 후진

국이 크며, 후진국 중에선 중위 소득국이 저소득국보다 더 불평등하다고 한다.[24]

환경 쿠즈네츠 곡선

쿠즈네츠 곡선이 갖는 아이디어는 환경 분야에도 그대로 적용할 수 있다. 이를 '환경 쿠즈네츠 곡선'이라고 부른다. 이름 그대로 환경 버전의 쿠즈네츠 곡선이다.

경제성장과 소득 격차의 관계가 성장 초기엔 비례하다가 어느 정도 시간이 지나면 반비례로 바뀐다는 게 쿠즈네

환경과 경제성장의 관계[25]

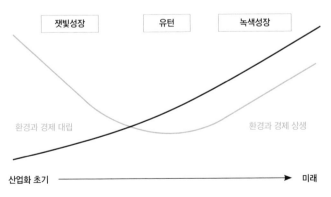

재빛성장　　유턴　　녹색성장

환경과 경제 대립　　　　　　　　환경과 경제 상생

산업화 초기 ⟶ 미래

츠 곡선의 주된 내용이다. 그런데 경제성장과 환경오염의 관계 역시 이와 비슷하다는 것이다. 경제성장 초기엔 환경오염이 심해지다가(소득 격차가 벌어지다가) 경제발전이 일정 수준을 넘어서면 오히려 환경오염이 줄어들면서 환경이 깨끗해진다(소득 불평등이 개선된다)는 것이다.

환경 쿠즈네츠 곡선이 알려주는 진실은 직관적으로 생각해 봐도 어느 정도 이해할 수 있다. 산업화와 경제 개발이 본격적으로 시작되기 전엔 딱히 환경이 오염될 게 없다. 농사를 짓고 가축을 기르느라 오폐수가 나오고 땔감을 확보하느라 숲이 훼손되는 정도가 있을 뿐이다.

하지만 산업화가 시작되면 공장과 발전소를 중심으로 온갖 오염 물질이 쏟아져 나온다. 인구가 늘고 늘어난 인구는 일거리가 있는 도시로 몰려든다. 우리에게도 익숙한 산업화, 도시화의 과정이다.

그러다가 소득이 일정 수준을 넘어서면 다시 환경이 깨끗해진다. 경제발전의 결과 사회에 자본이 축적되면서 환경 보전과 환경 복원을 위한 투자가 시작되기 때문이다. 환경 관련 기술이 향상되고 환경에 대한 국민들의 관심이 높아진다.

이런 변화상을 환경 쿠즈네츠 곡선으로 그리면 가로축이 경제성장 정도, 세로축이 환경오염 정도인 알파벳 U자를 뒤집은 모양의 그래프가 나온다. 본래의 쿠즈네츠 곡선과 똑같은 형태다. 환경 과학의 발달, 국민들의 환경 의식 향상, 그리고 이를 뒷받침하는 부富의 증가가 이 같은 변화를 추동한다.

독일 라인 강의 강물이 이집트의 나일 강의 강물보다 깨끗하고 미국 뉴욕의 공기가 아프가니스탄 카불의 공기보다 깨끗하다. 한때 한국판 죽음의 강으로 불렸던 울산 태화강은 지금은 일급수의 수질을 되찾고 매년 전국 규모의 수영 대회를 열 만큼 깨끗해졌다. 산업화가 고도로 진행된 선진 산업 국가일수록 환경이 나쁘고 환경병이 심각하다는 일부 환경주의자들의 주장으론 설명할 수 없는 변화다. 환경 쿠즈네츠 곡선은 우리에게 경제 개발과 환경의 관계에 대한 전혀 새로운 통찰을 제공한다.

DDT 금지가 부른
제3세계의 환경 비극

레이첼 카슨과 『침묵의 봄』

해양 생물학자이자 환경 저술가인 레이첼 카슨Rachel Carson은 1962년 『침묵의 봄』이란 책을 출간했다. 책에서 그녀는 살충제로 새들이 모두 죽어 봄이 와도 새가 지저귀지 않는, 말 그대로 조용해진 침묵의 봄을 묘사했다. 카슨은 이런 살충제의 대표 격으로 DDT를 지목했다.

DDT는 20세기 중반 가장 많이 사용된 살충제다. 태평양 전쟁과 한국 전쟁 때 미군이 사용하면서 유명해졌다. 당시 빈대와 이를 구제하는 데 널리 쓰여 지금도 나이 지긋하신 분들에게 DDT는 익숙한 이름의 살충제다. DDT를 개발한 스위스의 화학자 파울 헤르만 뮐러Paul Hermann Müller는 그

공로로 1948년 노벨 생리의학상을 받았다.

DDT는 어디까지나 살충제로 새의 생태와는 별 관련이 없는 약이다. 그런데도 카슨은 DDT가 새들을 죽인다고 주장하며 그 근거로 생물 농축 현상을 들었다. 벌레를 잡아먹으면 새의 몸속에 DDT가 축적된다. DDT가 쌓인 새는 점차 껍질이 얇은 알을 낳게 되는데 그런 알들은 부화율이 떨어지기에 시간이 흐르면 새들의 개체 수가 줄어들 거라고 주장했다.

카슨의 이런 주장은 훗날 새들의 개체 수를 실제 조사한 결과 대부분 사실이 아닌 걸로 드러났다. 하지만 당시엔 모두가 그녀의 말을 믿었다. 1970년대를 전후로 대부분의 나라에서 DDT가 금지된 것이다.

DDT는 역사상 가장 값싸고 효과적인 살충제 중 하나다. 하지만 이를 쓸 수 없게 됐다고 해서 미국 같은 선진국들이 곤란을 겪는 일은 없었다. 돈 좀 써서 다른 살충제로 바꾸면 그만이었기 때문이다. 레이첼 카슨은 미국인이었고 그녀의 책을 읽고 감동받은 대부분의 미국인들 역시 DDT 사용 금지로 곤란해진 사람은 없었다.

하지만 저개발국들의 사정은 달랐다. 열대 지방에서

DDT는 모기의 개체 수를 줄여 말라리아의 발호를 막는 가장 값싸고 확실한 수단이었다. 인도양의 스리랑카와 아프리카 남아공의 사례가 이를 단적으로 보여준다. 1946년 스리랑카의 말라리아 환자 수는 280만 명이었다. 그러던 게 DDT를 쓰면서 1963년 환자 수가 불과 7명까지 떨어졌다. 하지만 DDT의 사용이 금지되자 말라리아 발생이 다시 늘어 1968년과 1969년 사이 환자 수가 250만 명으로 폭증하고 말았다.[26]

남아공에선 백인 정부가 국제적인 압력에도 DDT를 계속 사용했는데 1990년대 민주화와 정권 교체 이후 금지됐다. 그러자 1999년 매해 5천 건에 불과하던 말라리아 발생이 별안간 5만 건으로 늘어났다.[27] 스리랑카와 남아공은 물론 아프리카와 동남아의 다른 지역에서도 많은 사람들이 말라리아에 걸려 죽었다. 환경주의자들의 반대를 무릅쓰고 해당 국가들이 다시 DDT를 사용하기까지 많은 시간을 허비해야 했다.

인류가 DDT 금지를 통해 배운 교훈은 환경 문제는 빈곤과 불가분의 관계에 있다는 사실이다. 잘사는 나라에선 아무 문제가 없었던 환경 보호 조치가 가난한 나라에선 재앙과도 같은 결과를 불러왔다.

환경과 관련한 가장 심각한 인명 피해는 오염된 환경 자체보단 가난 때문에 발생한다. 세계보건기구와 유엔아동기금은 1990년 다섯 살 이하 아동 사망자 숫자가 전 세계적으로 1,200만 명에 달한다고 발표했다. 다행히 2010년엔 그 숫자가 760만 명으로 줄었다. 많이 줄었다지만 이 수치는 여전히 하루에 약 1만 2천 명의 아이들이 죽음에 굴복하고 있음을 보여준다.[28]

아동 사망률이 이렇게 높은 건 사하라 사막 남쪽 지역, 이른바 검은아프리카의 아동 사망률이 높기 때문이다. 검은아프리카는 세계에서 가장 가난한 지역이다. 가난한 지역의 아동 사망률이 높은 건 나쁜 영양 상태, 오염된 물과 공기, 역시 오염된 주거 환경, 수준 낮은 의료 시스템 탓이다. 간염, 결핵, 말라리아, 파상풍, 홍역 등 선진국에서라면

충분히 살 수 있었을 병으로 아이들이 죽는다. 기가 막히지만 설사로 사망하는 아이들도 많다. 돈이 있다면 더러운 물과 공기를 마실 이유도 없고 주거 환경이 나쁠 이유도 없고 의료 환경이 나쁠 이유도 없다. 결국 가난이 아프리카 아이들을 죽인다는 것이다.

인도 최초의 여성 총리를 지낸 인디라 간디Indira Gandhi는 일찍이 "가장 심각한 환경 문제는 빈곤"이라고 역설한 바 있다. DDT의 사용 금지를 이뤄 냈을 때 선진국의 많은 환경 운동가들은 자신들의 행동이 새들을 살리고 자연을 살리고 더 나아가 인류를 살리는 길이라고 굳게 믿었을 것이다. 하지만 섣부른 그 조치는 제3세계 수십만, 수백만의 애먼 인명을 죽음으로 내모는 참담한 결과로 이어졌다.

우리가 환경 문제에 접근할 땐 환경 자체만이 아니라 그 사회의 사회경제적 조건까지 폭넓게 고려해야 한다. 환경은 너무도 중요하기에 환경 정책을 결정할 땐 환경주의자들의 손에 휘둘려선 안 되며 경제학자를 비롯한 여러 분야의 전문가들이 적극 참여할 수 있어야 한다. 21세기에 들어 검은아프리카의 아동 사망률이 줄어든 건 이 지역의 경제가 비록 느리지만 얼마간 성장한 덕분이었다. 인간이 환경을 살리려는 이유가 더 나은 미래를 향한 인간의 욕망에 있다면 결국 환경 문제의 해법도 경제를 살리는 데 맞춰져야 할 것이다.

환경 운동이 부자 나라에서
활발한 이유

유럽 녹색당과 환경 정치

유럽엔 녹색당이라는 우리에겐 다소 생소한 성격의 정당이 있다. 유럽 밖에선 거의 찾아볼 수 없는 정당이고 유럽 안에서도 독일이나 프랑스, 스웨덴 등 일부 국가를 제외하면 보기 어려운 정당이다.

녹색당은 이름 그대로 환경 보호, 동물 권리 보호, 지속 가능한 에너지원 사용 등을 목적으로 하는 정당이다. 당을 상징하는 색깔도 이름처럼 녹색이다. 유럽의 녹색당 중 가장 유명한 독일 녹색당은 사회민주당과 연정으로 지방 정부에서 중앙 정부까지 두루 집권한 경험을 갖고 있는 제도권 정당이다. 2000년대 초반 독일 외무부 장관을 지낸 요슈

카 피셔Joschka Fischer 같은 스타 정치인을 배출하기도 했다.

정치적으로 사회주의 계열의 정당과 자주 연대하는 만큼 녹색당은 이념상 범좌파 정당으로 분류된다. 하지만 노동 운동을 중심으로 하는 전통적인 좌파 세력과는 다소 온도 차가 있다. 녹색당은 생태주의자들이나 동물보호론자들이 당의 주류를 이룬다. 좌파 정당답게 분배를 중시하지만 사회민주주의 식의 노동자를 위한 분배가 아닌 자연과 환경을 위한 분배를 지향한다. 물론 당의 존재 이유인 환경 문제에 관해선 전통적인 좌파 이상으로 극단적인 입장을 보일 때도 있다.[29]

환경 보호란 의식도 경제 개발의 산물

미국의 심리학자 에이브러햄 매슬로우Abraham Maslow에 따르면 인간의 욕구엔 다섯 단계가 있다고 한다. 이른바 '욕구단계 이론Hierarchy of needs theory'이다. 가장 먼저 발현되는 게 의식주 충족을 바라는 '생리적 욕구'다. 물, 음식, 호흡, 배설, 수면, 성생활 등이 충족되지 못하면 인간은 생존

자체가 불가능해진다.

그다음으로 '안전의 욕구'가 발현된다. 안전의 욕구란 사고나 질병, 자연 재해, 전쟁과 같은 위험으로부터 안전을 추구하는 인간의 근원적 바람이다. 환경오염도 인간의 안전을 위협하는 요인이므로 깨끗한 환경을 바라는 마음도 안전의 욕구에 포함된다.[30]

어느 사회나 먹고살 만해지면 깨끗한 환경, 안전한 치안 등에 대한 사람들의 욕구가 분출된다. 잘사는 나라, 잘사는 도시의 거리는 그래서 대개 깨끗하다. 같은 나라, 같은 도시에서도 부자들은 더 깨끗하고 안전한 구역에서 산다. 그 사회가 가진 부의 수준이 그 사회가 누리는 환경의 수준을 결정하는 것이다.

매슬로우의 안전의 욕구가 개인을 넘어 국가적 차원에서 발현되는 지역이 오늘날 유럽이다. 유럽은 북미와 함께 전 세계에서 산업화가 가장 잘 진행된 부유한 곳이다. 1960~1970년대에 접어들면서 유럽은 양차 세계대전이 남긴 상처에서 완전히 벗어나 고도로 잘사는 사회를 이룩했다.

그러면서 유럽인들에게서 깨끗한 주거 환경, 도시 환

경, 자연 환경에 대한 욕구도 점점 자라났다. 그린피스가 네덜란드 암스테르담에서 설립된 해가 1979년이고 독일에서 녹색당이 창당한 연도가 1980년이라는 점은 그래서 시사하는 바가 크다. 유럽의 예를 들고 있지만 사실 우리나라의 경우도 비슷하다. 국내 최대의 환경 단체라는 환경운동연합 역시 한국의 경제성장이 어느 정도 결실을 이룬 1993년에야 정식으로 출범했다. 한국이 이른바 선진국 클럽이라는 경제협력개발기구OECD에 가입한 게 1996년이란 점을 생각하면 의미심장한 일이다.

오늘날 선진국 시민들이 누리는 깨끗한 환경과 생활공간은 환경주의자들이 벌인 환경 운동의 소산이 아니다. 선진국의 깨끗한 환경은 성공적인 경제성장의 산물이며 놀랍게도 환경 운동 자체가 경제성장의 결과물이다.

유럽을 중심으로 활발한 환경 운동, 환경 정치도 경제개발의 산물이다. 환경 운동이 저개발국에선 전혀 보이지 않다가 선진국으로 성장한 뒤에야 비로소 활발해진다는 게 그 증거다. 산업화와 민주화는 병행하는 게 아니며 산업화가 어느 정도 이뤄진 뒤 민주화가 가능하다는 근래의 경제사 연구와도 일맥상통하는 현상이다. 산업화와 환경 보호도 산업화와 민주화처럼 병행하긴 어렵고 어느 정도의 경제성장이 이뤄진 다음에 가능해진다. 산업화와 경제성장은 환경을 파괴하는 게 아니며 길게 보면 오히려 적극적으로 환경을 보호한다.

환경보호도
시장에 맡겨라

자연자원과 야생물에 있어 공유의 비극을 막을 수 있는
유일한 길은 사유재산권을 도입하는 것이다.

- 뎀세츠 -

영국과 아이슬란드의
대구 전쟁

꽃게와 대구

우리나라 사람들은 꽃게를 참 좋아한다. 한국인들이 보통 게라고 하면 떠올리는 게 바로 꽃게다. 끓여 먹거나 쪄 먹고 국물을 내는 데 쓰기도 하는 등 가히 밥상의 밥도둑이다. 밥상에 올라온 빨갛게 잘 익은 모습 때문에 꽃게라 부른다는 얘기도 있지만 실은 곶ᵻ게가 변한 이름이라고 한다.

해마다 꽃게잡이 철이면 서해 바다에선 남한과 북한 그리고 중국 사이의 긴장감이 높아진다. 중국 어선들이 연평도 등 서해 5도를 중심으로 하는 우리 꽃게 어장에 들어와 마구잡이식 남획을 일삼기 때문이다.

우리 어민들은 어린 치어는 잡지 않는 등 종자 보전에 신경 쓰는 데 비해 중국 어민들은 자기네 어장이 아니어서 인지 정말로 싹 긁어가 버린다. 서해에서 한국과 중국의 어업 지도선들이 신경전을 벌인다는 뉴스를 간혹 볼 수 있다.

우리와 중국이 서해에서 꽃게를 두고 싸우듯 세계의 많은 나라들이 서로 공유한 바다 위에서 신경전을 벌인다. 영국과 아이슬란드는 북해 바다에서 나는 대구를 놓고 사이가 좋지 않다. 그냥 좋지 않은 수준이 아니라 수차례 전쟁까지 벌였을 정도다. 이른바 '대구 전쟁'이다.

대구는 한류성 어종으로 북유럽 사람들에게 아주 인기 있는 어류다. 살에 기름을 절여 말리면 보존성이 높아져 바이킹들이 선내식으로 쓰는 등 오랜 세월 사랑받았다. 그러던 게 무분별한 남획으로 대서양 대구의 씨가 말라 20세기 들어 어획량이 격감하고 말았다. 가장 대중적인 식재료가 사라지게 됐으니 대구를 좋아하는 영국, 아이슬란드 사이에 한때 심각한 긴장감이 흘렀다.

대구 전쟁은 전쟁이라 하기엔 소소한 규모였지만 서로 간에 포격도 있었고 그 와중에 사망자도 나왔다. 한때 양국이 국교를 단절하는 상황까지 갔으니 결코 간단한 일은

아니었다. 물고기 하나 때문에 전쟁까지 치른 다른 나라의 사례를 보면 꽃게를 둘러싼 한국과 중국 사이의 갈등은 애교인지도 모른다.

재산권 설정이 공유지의 비극을 막고 환경을 보호한다

가축과 같은 사유 재산은 인간이 전 세계적으로 매해 수십억 마리를 잡아먹어도 그 숫자가 유지되거나 심지어 증가한다. 예컨대 고기로 가장 많이 소비되는 가축인 닭은 매해 26억 마리가 도축된다. 그런데도 닭의 개체 수가 줄어들었다는 걱정은 들리지 않는다. 인간이 관리한 덕분이다. 전 세계에서 사육되는 닭의 수는 약 190억 마리라고 한다.[31]

하지만 야생 동물 쪽의 사정은 다르다. 밀렵이나 지나친 남획으로 멸종위기에 직면한 종들이 많다. 오늘날 사육되는 소는 전 세계적으로 14억 마리 정도지만 소의 사촌인 버펄로는 멸종위기로 관리 대상이다. 어류도 마찬가지다. 양식되는 어류는 멸종할 리도 없고 숫자도 줄어들 리 없지만 양식 방법이 개발되지 않아 바다에서 바로 잡는 어종은 치어를 보호하는 길 외엔 뾰족한 수가 없다. 문제는 망망대해에서 이뤄지는 어업의 특성상 굳이 그렇게 양심적으로 작업할 필요가 있느냐는 것이다.

사유 재산이 아니면, 다시 말해 누구의 소유도 아니면 자원은 남용되며 아무도 보호하지 않는다는 게 경제학의 상식이다. 경세학에선 이를 '공유지의 비극Tragedy of the commons'이라는 꽤나 문학적인 표현을 써 설명한다.

본래 공유지의 비극은 미국의 생물학자 가렛 하딘Garrett James Hardin이 《사이언스Science》에 실은 논문의 제목이었다. 소유권이 없는 초원과 같은 공유지는 소유권이 있는 농장에 비해 빨리 황폐화하는 현상을 두고 이른 말이다. 오늘날 모래만 날리는 중동은 오래전엔 비옥한 초원 지대였다. 피라미드와 스핑크스는 모두 초원의 생산력으로 쌓아 올린 것이다. 하지만 과도한 목축과 농사로 지금 중동은 사막이 됐다. 공유지의 비극이 실제 일어난 사례다. 우리나라와 중국 사이의 꽃게 어장이나 영국과 아이슬란드 사이의 대구 어장도 모두 공유지에 해당한다.

그럼 공유지의 비극을 해결하는 방법은 무엇일까? 바로 재산권을 설정하는 것이다. 바다와 같은 대자연에 인간이 만든 소유권을 설정하자니 어딘가 불편하게 여기는 사람들도 있다. 자연은 특정인의 전유물이 아닌 인류 모두의 것이며 모두가 공유해야 한다는 도덕적 믿음이 존재한다.

하지만 인간은 이미 문명이 시작되던 순간부터 산과 강, 땅과 호수에 각자의 재산권을 설정해 왔다. 인류의 문명은 자연을 개척하고 개발해 온 역사이기에 재산권 설정을 새삼스러워할 이유는 없다. 더구나 자연에 재산권을 설정하는 것이야말로 공유지의 비극을 막아 자연과 환경을 한층 적극적으로 보호하는 길이라면 더 주저해선 안 된다.

농장이나 양식장은 애초 소유권이 있으니 문제될 게 없다. 땅은 예로부터 측량이 가능해 소유권이 인정돼 왔다. 바다도 마찬가지다. 영국과 아이슬란드의 대구 전쟁은 오늘날 '배타적 경제 수역Exclusive Economic Zone'이라고 불리는, 자국으로부터 200해리(약 370㎞) 안의 바다에 각 나라들이 재산권을 설정하게 하는 계기가 됐다. 오늘날 자국 연안 200해리 안에서 각국은 어업, 해저 광물, 해양 탐사 등 모든 자원에 대한 독점적 권리가 인정된다. 이로써 인간은 불필요한 갈등을 피하고 자연은 보호되고 아울러 대구도 멸종 위기에서 벗어날 수 있었다.[32]

셰일 오일 혁명

셰일 오일과 석유와의 전쟁

요즘 셰일 오일이 세간의 화제다. 셰일 때문에 국제 유가가 떨어진다고도 하고 미국과 사우디아라비아 사이에 석유 전쟁이 났다고도 한다. 당최 셰일이란 게 뭐기에 이렇게 말들이 많은 걸까?

셰일shale은 진흙이 쌓여 굳어진 퇴적암의 일종이다. 한자로는 이판암泥板巖이라고 쓰는데 진흙으로 이뤄졌고 판 모양으로 쪼개지는 돌이란 뜻이다. 'shale'이란 단어도 조개껍데기shell를 의미하는 독일어 'schale'에서 유래했다. 고운 흙으로 구성된 퇴적암답게 화석이 많이 보존돼 있는 암석이기도 하다.[33]

셰일은 화석에 포함된 탄소 성분 때문에 색깔이 검다. 그런데 탄소는 석유와 석탄의 주원료다. 아닌 게 아니라 석유가 나오는 지층은 셰일 암반층 밑에 분포하는 경우가 많다. 그 말은 셰일층에도 어느 정도 석유가 포함돼 있다는 얘기다. 다만 그간엔 암석 속에서 석유를 뽑아내는 데 비용이 너무 많이 들어 셰일 안의 석유는 그림의 떡일 뿐이었다. 그러던 게 고압의 물을 분사해 돌을 부수고 그 안의 석유를 뽑아내는, 그다지 비싸지 않은 기술이 상용화되면서 상황이 반전됐다.

　한자로는 '수압파쇄水壓破碎', 영어로는 '프래킹fracking'이라고 불리는 이 기술의 선두 주자는 단연 미국이다. 미국이 프래킹 기술을 앞세워 에너지 문제를 해결하려하자 전통적인 석유 강국인 사우디아라비아가 석유를 헐값에 팔며 미국의 셰일 기업들을 고사시키려는 작전에 나섰다. 후발 주자인 미국의 셰일 업체들은 아직 규모의 경제가 덜 확보되는 등 가격 경쟁력이 충분치 않았기 때문이다. 이게 요즘 회자되는 미국과 사우디 간의 석유 전쟁의 원인이다. 이유야 어찌 됐든 석유 수입국인 우리로선 지금의 저유가 상황이 나쁘지만은 않은 일이다.

오랫동안 인류는 석유가 고갈된 미래를 상상하며 공포에 떨었다. 우리나라 교과서에도 항상 실렸던 "30년이면 석유가 고갈된다"라는 문장을 기억하는 이들이 많을 것이다.

하지만 "30년 뒤면 석유 고갈"이란 말은 인류가 석유를 채굴하기 시작한 한 세기 전부터 거의 매해 나왔던 얘기다. 그러니까 약 백 년 전부터 '30년'이란 숫자는 끊임없이 갱신돼 온 셈이다. 어째서 이런 이상한 일이 가능했던 걸까?

마르지 않는 석유의 기적이 가능했던 건 시장 가격의 힘, 다시 말해 시장의 힘이라고 할 수 있다. 석유의 생산량은 결국 얼마나 많은 유전이 발견됐느냐에 달려 있다. 유전의 탐사엔 막대한 돈이 들어가기에 석유의 시장가, 즉 유가가 낮으면 새 유전을 탐사하기 어렵다. 이 말을 다시 쓰면 유가의 수준이 탐사되는 유전의 규모를 결정하고 미래의 석유 생산량을 결정한다는 얘기다. 지난 백 년간 석유의 잔존 기간이 신기하게도 항상 30년을 유지해 온 이유가 여기에 있다. 시장이 판단할 때 석유의 적정 탐사량은 향후 30년을 쓸 정도라고 여겼던 것이다.

지난 세기 석유의 탐사량이 유전의 규모에만 달려 있었다면 이젠 기술의 진보도 석유의 추정 탐사량을 늘리는 데 한몫하고 있다. 채굴 기술이 진보하면서 과거엔 발견하지 못했던 유전이 발견되고 있다. 또한 발견되고 나서도 경제성이 없어 개발하지 않았던 유전들이 개발되고 있다.

더구나 셰일처럼 기존의 기술로는 자원이 아니었던 경우까지 개발 대상에 포함되기 시작했다. 기존의 석유 추출 기술로는 셰일은 좀 심하게 말하면 탄소가 많은 돌에 불과했다. 그러던 게 이젠 노다지가 된 셈이다. 셰일 오일이 다른 기술 중에서도 특히 주목받는 건 당장 석유의 추정 탐사량을 수백 년 이상으로 늘려 놨기 때문이다. 이제 교과서에 "30년 뒤면 석유 고갈" 문구는 더는 실을 수도 없게 됐다.

당연하지만 채굴 기술이 진보한 것도 시장의 힘에 따른 것이다. 시장이 더 싼 에너지를 향한 인간의 욕망과 창조성을 촉발했다. 중동의 산유국들이 고유가를 즐기던 지난 시절 미국의 에너지 기업들은 더 싸게 석유를 얻을 수 있는 기술에 거액을 투자했다. 시장의 힘이 기업을 움직여 지금의 셰일 에너지 혁명을 불러온 것이다.

석유 기업들이 셰일 신기술에 접근하고 있을 무렵 세계

각국의 정부와 환경 단체들은 친환경 대체 에너지란 구호에 홀려 헛되이 세금을 낭비하고 있었다. 세계의 많은 나라들이 깨끗한 대체 에너지를 찾기 위해 이런저런 시도를 많이 했다. 우리도 예외는 아니어서 서해안 곳곳에 파도를 이용한 조력 발전소를, 강원도 산골엔 바람을 이용한 풍력 발전소를 만들었다. 농촌의 볕 잘 드는 곳엔 태양열 장치를 한 주택이나 공장을 곧잘 볼 수 있다.

하지만 지금의 시장 흐름은 이른바 대체 에너지가 종래의 화석 에너지에 의해 역으로 대체 당할 상황이다. 이들 대체 에너지는 기존의 석탄, 석유는 고사하고 추가 작업이 필요한 셰일보다도 생산 비용이 많이 든다. 경제성 대신 환경 보호라는 정치적 구호를 이유로 개발을 시작했으니 실패는 시작부터 예견된 일이었다.

인류의 미래 에너지원으로 석탄, 석유와 같은 전통적인 에너지가 옳을까? 아니면 바람, 파도, 태양과 대체 에너지가 옳을까? 물론 여기에 정답은 없다. 어쩌면 먼 미래의 언젠가 인류에게 대체 에너지가 보다 필요한 시점이 올지도 모른다. 하지만 한 가지 분명한 건 그걸 결정하는 주체는 정부나 환경 단체가 아니라 기업과 시장이어야 한다는 점이다.[34]

온실가스 배출권
시장의 허와 실

온실가스 배출권 시장

재화나 서비스를 사고파는 것처럼 오염 물질도 가격을 매겨 사고팔 수 있다. 물론 오염 물질을 원하는 이는 없을 테니 오염 물질을 팔려는 쪽에서 돈을 줘야 한다. 가난한 나라가 부자 나라의 쓰레기를 반입하는 대신 경제적 보상을 받는 게 오염 물질 거래의 한 예다. 온실가스 배출권 시장은 오염 물질 거래가 배출권이라는 일정한 거래 수단을 갖춘 시장의 형태로 현실화한 사례다.

온실가스 배출권 시장은 오염 물질 중 온실가스를 거래하는 시장이다. 먼저 기업이나 국가에게 각자가 배출할 온실가스의 양을 미리 할당한다. 각 경제 주체들은 일단 할당된 배출량만큼 온실가스를 배출한다. 이럴 경우 할당량이 부족하거나 반대로 넘치는 경우가 생기기 마련인데 이렇게 온실가스 할당량의 과부족분을 다른 기업이나 국가와 사고팔 수 있도록 한 제도적 장치가 온실가스 배출권 시장이다.

예컨대 연간 10톤의 온실가스 배출권을 할당받은 기업이 있다고 하자. 그런 기업이 올해 7톤의 온실가스만 배출했다면 남은 3톤은 배출량이 많은 다른 기업에게 팔 수 있다. 물론 자신들이 다음 해에 쓰게끔 이월하는 것도 가능하다.

우리나라에서도 2015년 1월 1일부터 온실가스 배출권

을 사고파는 시장이 개설됐다. 우리나라에 할당된 온실가스 총량은 약 17억 톤이며 현재 500여 개 기업이 거래에 참여하고 있는 상황이다. 시장이 열린 새해 첫날 배출권 거래량은 천 톤이 조금 넘었고 시장 가격은 톤당 8천 원이 조금 되지 않았다고 한다.[35]

정부가 만든 엉성한 시장이 제대로 작동할까?

온실가스 배출권 시장은 정부가 오염 물질의 배출을 직접 규제하지 않고 시장 거래에 맡기는 방법이다. 그래서 언뜻 보면 꽤나 시장 친화적인 해법으로 보인다. 하지만 유감스럽게도 이는 착각이다.

먼저 온실가스 배출권 시장은 우리가 주변에서 익숙하게 봐 온 자연 발생적인 시장이 아니다. 어디까지나 정부가 인공적으로 만들어낸 시장이다. 시장의 보이지 않는 손을 보고 배우겠다는 정부의 의욕만큼은 칭찬해 줄 만하다. 하지만 그렇다고 인간이 시장의 오묘한 메커니즘을 따라 하기란 말처럼 쉬운 게 아니다.

온실가스 시장의 문제를 간단히 따져 보자. 먼저 배출권 할당의 문제가 있다. 온실가스의 거래 수단인 배출권은 국가와 기업별로 할당된 뒤 시장에서 거래된다. 문제는 이 할당에 엄밀한 기준이 없다는 점이다. 할당이 엄격한 경제적 분석과 평가를 통해 이뤄지는 것이 아니라 정치적 협상과 합의에 의해 결정된다. 경제 규모에 비해 국제 무대에서 발언권이 센 러시아와 동구권 국가들이 비교적 많은 할당량을 받아간 게 그 예다. 정치 논리가 경제 논리를 압도한 것이다.

국가별로 할당된 온실가스 배출권은 다시 각국 정부에 의해 개별 기업에게로 배분된다. 개별 기업들에게 배분될 때도 앞서 국가별 배분 때와 비슷한 문제가 발생한다. 힘이 있는 기업들은 정치권에 영향력을 행사해 배출권을 많이 확보했다. 당연히 로비 능력이 떨어지는 기업들은 충분한 배출권을 할당받지 못했다. 정부와 연이 닿아 있는 기업들은 따로 특혜를 받기도 한다. 유럽연합은 정부의 공공사업에 꼭 필요한 기업들에겐 온실가스 배출권을 무료로 배분하는 등 특혜를 주기도 했다.[36]

사정이 이렇다 보니 온실가스 배출권 시장은 미처 태어

나기도 전에 정부 실패의 오물을 흠뻑 뒤집어쓴 채 출범하게 됐다. 온실가스 시장은 사람으로 치면 자연스럽게 태어난 인간이 아니라 프랑켄슈타인과 같은 인조인간에 가깝다. 시작부터 시장답지 못한 시장에게 정상적인 시장의 기능을 기대하는 건 무리다.

배출권 할당 문제가 시장 내부에서 기인한 문제라면 온실가스 시장은 시장 밖에서 기인한 문제도 함께 안고 있다. 온실가스가 정말로 국제적인 규제와 관심이 요구되는 오염 물질이 맞는지에 관한 것이다.

온실가스가 정말 이름 그대로 지구온난화를 야기하고 대기 환경을 망치는 주범일까? 이 문제에 관해선 과학자들도 의견이 분분하다. 온실가스가 실험실 수준에서 온실 효과가 있는 건 분명 사실이다. 연구실 옆에 비닐하우스 크기의 온실을 만들어 놓고 이산화탄소의 농도를 높이면서 햇볕을 쬐여 주면 분명 온실 안의 온도가 올라가긴 한다. 하지만 그게 조그만 온실을 벗어나 지구 전체적으로도 효과가 있는지는 불분명하다. 2008년 미국 일간지 《뉴욕 타임스New York Times》는 이를 두고 "코네티컷 주의 몇몇 대기업들은 온실가스 거래로 수십억 달러의 비용 폭탄을 맞아야 했다. 정작 문제는 이를 통해 대기 환경이 개선됐다는 증거가 어디에도 없다는 것이다"라며 강력히 비판했다.

　지구온난화는 일부 환경주의자들의 선동과 강대국 정치인들의 정치적 셈법에 따라 만들어진 현대 사회의 신화다. 문제는 온실가스 배출권 시장이 상당 부분 이 지구온난화 신화를 근거로 해서 만들어졌다는 데 있다.

　지구의 기온이 형성되는 덴 여러 수많은 요인들이 서로 복잡하게 영향을 미친다. 미래 지구의 기온은 온난화 주장과는 달리 오히려 떨어질 것이라고 예측하는 학자들도 많다. 지구 기온이 올라갈 것 같지 않다면 온실가스 역시 더는 오염 물질이 아니다. 오염 물질이 아닌데 굳이 배출량을 규제하고 배출권을 거래하는 시장이 필요한지 의문이다. 더구나 그 시장마저 시작부터 엉성하게 만들어진 오류투성이라면 무슨 말이 더 필요할까? 온실가스 시장은 언제 무너질지 모르는 모래 위에 세워진 모래성이다.

환경을 보호하려면
과학 기술에 투자하라

천연자원은 인간의 창의력 덕분에 유한하지 않다.

- 줄리안 사이먼, 『근본 자원 2-상』 중에서 -

자원은
고갈되지 않는다

사이먼의 내기

1980년 미국의 경제학자 줄리안 사이먼Julian Simon은 자원이 고갈될 거라고 주장하던 일단의 환경주의자들에게 내기를 제안했다. 자원이 고갈된다면 앞으로 천연 자원의 가격은 천정부지로 오를 테니 가격의 향방에 대해 내기를 하자고 한 것이다. 당시엔 로마클럽이 '성장의 한계'라는 보고서를 내놓는 등 암울한 미래 인식이 세간에 확산돼 있던 참이었다.

낙관적인 경제학자이자 회의적인 환경주의자였던 사이먼은 자원이 고갈되는 일은 없을 거라고 생각했다. 당연히 천연 자원의 가격도 떨어진다는 쪽에 걸었다. 자신만만

했던 그는 내기의 대상이 될 품목도 상대가 마음대로 고를 수 있도록 배려했다.

당시 스탠퍼드대학교의 환경학 교수였던 폴 엘릭Paul R. Ehrlich이 그런 사이먼의 내기를 받아들였다. 엘릭은『인구폭탄』이란 책을 썼는데 책의 이름처럼 비관적인 미래 전망을 내놓는 걸로 유명했다. 그가 보기에 천연 자원의 값이 내려갈 리 없었다.

엘릭은 구리, 니켈, 주석, 크롬, 텅스텐 다섯 가지 자원을 내기 품목으로 골랐다. 두 사람은 각각의 품목에 200달러씩 걸었다. 내기의 기간은 10년이었다.

10년이 지난 1990년 일반의 예상과는 다르게 내기에서 이긴 쪽은 엘릭이 아닌 사이먼이었다. 크롬은 5퍼센트 하락하고 주석은 74퍼센트나 하락하는 등 다섯 가지 천연 자원의 값은 평균 60퍼센트 가까이 떨어진 걸로 나타났다. 엘릭은 내기 당시의 기준 가격에서 10년간 내려간 만큼 사이먼에게 다섯 품목 가격의 차액에 해당하는 576달러를 지급해야 했다.[37]

석기 시대가 끝난 건 돌이 부족해졌기 때문일까? 당연히 아니다. 석기 시대가 마무리된 건 돌이 부족해서가 아니라 필요 없어져서다. 인류는 돌 대신 구리와 주석의 합금인 청동을 새로운 자원으로 쓰기 시작했다. 철기 시대가 시작된 것도 마찬가지다. 구리가 부족해져서가 아니라 철이란 새로운 금속을 쓸 수 있게 됐기 때문이다. 돌에서 구리로, 구리 대신 철로 인간이 도구를 만드는 기술은 끊임없이 발전해 왔다.

과거에 있었던 일이 지금도 반복되고 있다. 무엇이 자원이고 자원이 아닌지는 인간이 만든 과학 기술이 결정한다. 우리가 전화를 걸 때 예전엔 구리 전화선을 썼고 언제부턴가 유리가 주재료인 광섬유를 썼다. 그러더니 요즘엔 아예 물리적인 선이 없는 무선 통신을 이용한다. 석기에서 청동기로, 다시 철기로 넘어갔던 과거 인간의 역사와 다르지 않다.

과학 기술은 예전에 자원이 아니었던 걸 자원으로 바꾸는 동시에 기존에 쓰던 자원은 이용의 효율성을 높이는 방향으로 진보한다. 예컨대 현대인들은 기계 공학의 발전에 따라 점점 더 연비가 좋아지는 자동차를 탄다. 연비가 개선된 만큼 석유 자원의 소모를 줄이고 대기 환경 개선에도 기여한다. 세탁기나 냉장고와 같은 가전제품에도 전기를 덜 먹는 기술이 계속해서 적용되는 중이다. 전자 매장에 가 보면 제품마다 붙은 1등급부터 5등급까지 나뉜 노란색의 에너지 소비 효율 라벨을 볼 수 있다. 기술의 발전이 자원의 남용을 막고 환경 보전에도 기여하는 모습이다.

낙관적인 자세는 막연히 앞으론 잘될 거라고 믿는 막무가내식 미래예측이 아니다. 근거 없는 낙관론은 비관론만큼이나 위험하다. 줄리안 사이먼은 과학 기술의 진보를 꼼꼼히 분석한 뒤 향후 자원의 가격에 관한 매우 합리적인 결론에 도달했다. 대부분의 사람들이 인류가 지금처럼 성장을 지속하면 언제쯤 자원이 바닥날까 같은 쓸데없는 계산이나 하고 있을 때 그는 다른 한편에서 과학 기술이 진보하는 모습에 주목했다.

자원의 고갈을 걱정하고 환경 파괴를 걱정한다면 대개의 환경주의자들이 그렇듯 아껴 쓰고 나눠 쓰고 바꿔 쓰고 다시 쓰는 수준에서 만족하면 안 된다. 그건 환경 보호가

아니라 인간 문명의 퇴보다. 진정한 환경주의자들은 자원이 언제쯤 고갈될까 같은 쓸데없는 걱정을 하는 대신 보다 더 적극적으로 성장을 모색하고 과학 기술의 발전에 돈을 투자하라고 세상을 향해 촉구한다. 인간이 과학 기술을 진보시키는 한 환경은 결코 훼손되지 않고 자원은 결코 고갈되지 않을 것이다.[38]

식량위기의 대안, GMO

GMO를 둘러싼 논란

　유전자 변형 농산물처럼 현대 사회에서 찬사와 증오를 동시에 받은 대상도 흔치 않다. 유전자 변형이란 GMO^{Gen-}etically Modified Organism를 번역한 것이다. 중간에 뭔가를 변형한다는 표현이 들어간 것부터 꺼림칙한데 그 변형의 대상이 유전자라니 보통 사람이라면 거부감부터 드는 게 자연스러운 일이다. GMO에 대한 이런 대중의 무지를 틈 타 GMO가 인간의 건강과 자연 환경에 나쁜 영향을 미친다고 주장하는 이들이 있다.

　먼저 "GMO 작물을 먹고 소화하는 과정에서 우리 인체가 GMO 유전자에 오염된다"라는 주장이 있다. 언뜻 들으면 맞는 말 같기도 하다. 우리가 먹는 음식이 우리 몸을 만든다는 말도 있다. 사람들이 좋은 음식을 찾아먹는 이유가 다 이런 것 아닌가?

하지만 이는 식품 속에 들어 있는 영양소와 식품 속의 DNA를 구분하지 않은 데서 오는 오류다. 현대 생물학자들은 GMO 섭취에 의한 유전자 오염설을 토끼를 잡아먹는 호랑이에 빗대 반박한다.

호랑이가 토끼를 잡아먹으면 토끼 유전자에 오염될까? 그래서 순한 호랑이로 변하게 될까? 짐작컨대 수만, 수십만 년 동안 호랑이는 토끼를 잡아먹어 왔을 텐데 그 결과 토끼 유전자에 오염된, 토끼 같은 호랑이가 출현했다는 얘기는 아직 들어본 바 없다. 그건 앞으로도 그럴 것이다. 식품 속의 DNA는 당연히 인체엔 아무런 영향을 미치지 못한다.

"GMO 작물이 재배될 때 주변의 자연 생태계를 교란한다"라는 주장도 있다. GMO 옥수수와 보통의(비GMO) 옥수수를 구분해서 재배하는 농장을 예로 들어 보자. 구역을 나눠 재배한다고 해도 식물의 꽃가루는 바람을 타고 이곳저곳 옮겨 다니기 마련이다. 만약 GMO 옥수수의 꽃가루가 보통의 옥수수에 수분된다면 GMO에 의한 유전자 오염이

나타날 수 있다. 몇몇 환경 운동가들은 GMO 농작물을 통해 온 세상이 GMO 천지가 되는 건 시간문제일 거라고 주장한다. 언뜻 들으면 이 주장 역시 무척 그럴싸해 보인다.

하지만 이는 현대 농업의 실상을 전혀 모르고 하는 소리다. 현대 농업은 종자 회사가 농가에 공급하는 종자에 전적으로 의지한다. 그런데 이들 종자는 과실에서 생식 가능한 후손 씨앗이 맺지 않게끔 유전적으로 설계된다. 이 기술은 유명한 할리우드 영화의 이름을 따 '터미네이터 기술Terminator technology'이라고 불린다. 'Terminator'는 우리말로 '종결하는 자'라는 뜻인데 여기에선 종자가 번식을 못하게끔 처리한다는 의미다.

터미네이터 기술을 쓰지 않을 경우 농민들은 종자 회사로부터 한 번만 종자를 구입하면 그 종자로부터 계속해서 앞으로 쓸 씨앗을 확보할 수 있을 것이고, 그러면 종자 회사는 망하고 말 것이다. 터미네이터 기술은 유전자 변형을 지적 재산권의 하나로 보호하려는 생물학적 장치다.[39]

현대 농업에서 재배되는 작물은 그게 GMO 작물이든 비GMO 작물이든 꽃가루가 수분되지 않는다. 그런데도 GMO 작물의 꽃가루가 위험하다고 하는 주장은 과학적으

로 극히 무지한 것이다. 유감스럽지만 GMO를 둘러싼 논란
이란 게 대체로 이런 식이다.

인류에게 더 이상의 식량위기는 없다

GMO가 워낙 신기술인 만큼 아직까지 인류는 이 기술
의 가능성과 위험을 완전히 파악하지 못한 게 사실이다.
하지만 지금까지 제기된 위험은 비과학적이거나 실현 가
능성이 거의 통계학적 기적에 가까울 만큼 희박한 것이다.

반면에 GMO가 인류에게 안겨 준 혜택은 확실하다. 오
늘날 식량 생산의 상당 부분이 유전자 변형 기술을 통해 해
결됐다. 현대인들이 먹거리를 이렇게 쉽고 값싸게 얻을 수
있게 된 건 대부분이 GMO 기술 덕이다.

인류가 식량난의 악몽에 시달린 게 불과 수십 년 전
의 일이다. 농업에서 기후의 영향이 큰 만큼 단기적인 식
량 수급 문제는 앞으로도 얼마든지 반복될 수 있다. 본격
적인 식량난까진 가지 않더라도 일부 작물에서 품귀 현상
을 빚는 경우는 지금도 흔하다. 그럴 때마다 농산물 가격

은 급등락한다. 인간의 삶에서 먹는 게 차지하는 위상을 볼 때 충분하고 안정적인 먹거리 공급은 삶의 질이 달린 문제다. GMO 기술은 인간이 삶의 질을 유지하는 데 기여할 수 있다.

GMO 농산물은 이미 우리 식탁과 함께하고 있다. 2014년 한 해 동안 우리나라 국민들은 GMO 작물을 대략 160만 톤 소비했다. 가장 많이 소비한 콩과 옥수수를 중심으로 다시 추산하면 국민 한 사람당 GMO 옥수수를 18킬로그램, GMO 콩을 15킬로그램 정도 소비했다고 한다.[40] 그런데 GMO 먹거리 때문에 병이 났다는 얘기는 어디에서도 들리지 않는다. 오히려 요즘 같이 어려운 경제 사정에 값싼 GMO 먹거리가 없었다면 살림살이는 훨씬 더 팍팍해졌을 것이다.

사실 GMO가 인류 문명에 기여하는 영역은 굳이 식량 측면이 아니더라도 무척 넓다. 현대 유전자 기술은 방사능을 쓰어 유전자 변형을 유도하거나 아예 세포 안에서 직접 유전자 가닥을 넣고 빼는 식으로 유전자를 변형한다. 이로써 과거의 종자 개량 수준으론 꿈도 꾸지 못했을 변화가 만들어졌다.

　　가령 '황금쌀Golden rice'이라고 불리는 비타민 A가 풍부하게끔 변형된 쌀이 있다. 이는 식량 부족으로 고생하는 아프리카 사람들에게 탄수화물과 비타민을 동시에 섭취하게 해 준 획기적인 산물이다. 먹으면 감염 백신 효과를 얻을 수 있는 사과도 개발 중이다. 주사 맞기 싫어하는 아이들이 특히 좋아할 것 같다. 최근 유행하는 에볼라 바이러스의 치료제를 만드는 데 현대 과학은 담배를 중간체로 이용하고 있다. 쥐에서 뽑아낸 에볼라 면역 항체를 담뱃잎에 접목하는 방식으로 약을 생산한다는 것이다. 콩과 바이러스, 쥐와 인간의 만남이라니 이 얼마나 놀라운 과학의 진보인가?

진보하는
쓰레기 처리 기술

쓰레기 소각과 다이옥신 공포

생태계는 식물과 같은 생산자, 동물이 주축인 소비자 그리고 곰팡이나 미생물과 같은 분해자, 이렇게 세 그룹으로 역할이 나뉘어 있다. 생성되고 소비하고 소멸되는 것이다.

인간 세상도 마찬가지다. 생산을 맡은 기업이 있고 또 소비를 맡은 가계가 있다. 당연히 분해자도 필요하다. 현대 인류 문명에서 곰팡이와 미생물의 역할은 아무래도 청소부나 쓰레기 처리 시설에게로 돌아갈 것 같다. 쓰레기 소각장은 현대 산업사회가 창조한 거대한 미생물인 셈이다.

예나 지금이나 쓰레기 소각장은 님비NIMBY 시설이다. 지저분하고 냄새도 심하다. 쓰레기를 태울 땐 중금속, 미세

먼지, 환경 호르몬 등도 많이 발생한다. 그중 특히 문제가 됐던 게 유독성 발암 물질로 유명세를 치른 다이옥신Dioxine이다. 청산가리 독성의 만 배에 달한다는 얘기까지 나오며 한때 무척 시끄러웠다.[41]

다이옥신은 산소, 수소, 염소, 탄소로 구성된 유기 화합물이다. 이들 네 개 원소를 포함한 물질을 수백 도의 온도에 노출시키면 다이옥신이 생긴다고 한다. 문제는 자연계에서 볼 수 있는 웬만한 물질은 산소, 수소, 염소, 탄소를 다 포함하고 있다는 점이다. 굳이 쓰레기가 아니라도 뭘 태우든 다이옥신은 생성된다. 다소 거북한 말이지만 화장장에서 인체를 태워도 다이옥신은 발생한다. 흔히 담배를 두고 몸에 해롭다고 하는데, 그 이유의 상당 부분이 다이옥신 탓이다. 담배를 피우려면 일단 불을 붙여 태워야 하기 때문이다. 산불이 났을 때도 다이옥신은 발생한다. 실제 지구상에 존재하는 다이옥신의 상당량은 산불에 의한 걸로 추정되고 있다.

오늘날 다이옥신이 가진 악명은 미군이 베트남 전쟁에서 사용한 고엽제에 다이옥신 성분이 포함돼 있었던 데에서 비롯한다. 고엽제는 밀림 제거를 목적으로 한 제초제였

기에 인체에 해로운 다이옥신을 쓸 이유가 없었다. 다만 고엽제의 제조 과정에서 다이옥신이 불순물의 하나로 생성됐다고 한다.[42]

진보하는 쓰레기 처리 기술

다이옥신은 이름 때문에 인간이 실험실에서 만든 인공적인 화합물로 오해하는 경우가 많다. 하지만 오래전 태초부터 자연계에 존재해 온 물질이다. 앞서 말했듯 당장 산불 때문에라도 다이옥신은 발생한다. 그래서 사람을 비롯한 대부분의 동식물은 다이옥신에 어느 정도 저항력을 갖게끔 진화돼 있다. 다이옥신이 누리는 대단한 악명에 비해 실제 그로 인한 사망자는 수십 년간 단 한 명도 보고되지 않았다는 게 그 증거다.

하지만 다이옥신에 대한 공포가 과장된 게 사실이라고 해서 이미 대중의 뇌리에 박힌 다이옥신 공포를 없애기란 쉬운 일이 아니다. 차라리 다이옥신 자체를 배출하지 않게끔 쓰레기 처리 기술을 발전시키는 게 더 쉬운 길일 수 있다.

실제로 과거의 쓰레기 소각장은 '다이옥신 배출장'이란 오명으로 불렸다. 지금은 사정이 많이 달라졌다. 요즘엔 소각로 정화 기술이 발달돼 소각장 부근의 다이옥신 농도나 보통의 자연 환경에서의 다이옥신 농도나 별 차이가 없다. 이미 말했지만 뭔가를 태우면 다이옥신은 반드시 나오기 마련이다. 그런데도 나오지 않는다면 오히려 그만큼 다이옥신이 이 세상에서 없어진 것과 다름없다. 말하자면 일종의 기회 이익인 셈이다. 실제로 요즘 쓰레기 처리 업계에선 이제 쓰레기 소각장은 다이옥신 소각장이라고 불러 줘야 한다고 주장한다.

더구나 요즘 건설되는 쓰레기 소각장은 깨끗하게 쓰레기를 태우는 일은 물론 비록 적지만 전기까지 생산한다. 쓰레기를 소각한 열과 에너지로 전기를 생산해 소각장 인근의 지역 가구에 싸게 공급한다. 쓰레기 중 일부가 전기로 다시 이용되는 것이다.

현대 산업 사회에서 쓰레기가 느는 걸 피하긴 어렵다. 쓰레기는 현대인들이 누리는 높은 삶의 질에서 나오는 당연한 파생물이다. 선진국으로 갈수록 일인당 배출하는 쓰레기도 함께 늘어난다. 그런데 몇몇 환경 운동가들은 그런 현대인들을 향해 죄책감을 가지길 강요한다. 편한 삶을 누리는 대가로 지구를 쓰레기장으로 만들고 있다는 식으로 비난한다.

그렇다면 쓰레기를 줄이기 위해 고도의 문명과 편리한 삶을 포기하는 게 옳은 일일까? 과거의 불편한 삶으로 돌아가는 데 동의할 현대인들은 또 얼마나 될까? 그보단 문명의 혜택을 충분히 누리면서 동시에 쓰레기 처리 기술이나 쓰레기 재활용 기술에 더 많은 돈을 투자하는 게 현명한 길이 아닐까? 오늘날 다이옥신 발생을 억제하는 최신의 쓰레기 처리 기술은 환경주의자들이 제안하는 금욕적 방법이 아닌, 과학 기술을 믿고 거기에 투자해 온 과학자와 기업가들의 진취적 해결책에서 나왔음을 명심해야 한다.

우리 국토를
효율적으로 이용하려면

인간의 삶에 필요한 건 날것 그대로의 자연이 아니다.

수도 서울의 품격을 높인 청계천 복원

현대인들은 대부분 도시에서 산다. 우리처럼 도시화 비율이 높은 나라는 더욱 그렇다. 2012년 기준 한국의 도시화 비율은 90퍼센트가 넘는다. 인구 열 명 중 아홉 명 이상이 서울 등 도시에서 산다는 얘기다.[43]

우리처럼 인구의 도시 집중도가 높은 경우 그저 막연히 국토 전체를 대상으로 환경 정책을 펴는 건 비용 대비 효과가 크게 떨어진다. 어느 시골의 이름 없는 하천을 청소하는 것도 물론 나쁘진 않다. 하지만 그보단 대도시 환경을 개선하는 쪽으로 선택과 집중을 하는 게 더 많은 사람들에게 혜택을 가져다주는 정책이라고 할 수 있다.

20세기 중반 수도 서울의 도시 계획의 근간은 교통 인프라를 구축하는 일이었다. 급속한 산업화로 인구가 폭증하고 차량도 함께 늘고 있었기 때문이다. 교통 정책의 핵심은 고가도로를 만드는 일이었다. 총 길이 6km에 가까웠던 청계 고가도로가 완공된 게 1976년 8월의 일이다. 서울의 종로와 을지로 사이를 흐르는 청계천을 복개하고 그 위에 도로를 만들었다. 당시 서울 사람들은 "하늘 위로 차가 달린다"라며 놀라워했다. 청계 고가는 함께 현대건설을 이끌었던 정주영과 이명박의 작품이기도 했다.

　　청계 고가가 대성공을 거두자 이를 모방해 서울 곳곳에서 고가도로가 건설됐다. 사람들은 고가도로를 근대적인 도시 계획의 상징으로 여기며 자랑스러워했다. 청계 고가 위로 해가 떠오르는 광경은 한동안 〈대한뉴스〉의 첫 장면을 장식했다.

　　대도시에서 교통 정책은 동시에 환경 정책이기도 하다. 복잡한 도시 환경에서 원활한 교통 체계를 만드는 건 그 자체로 도시인의 삶의 질을 개선시키는 일이기 때문이다. 꽉 막힌 도로에서 차들이 줄지어 선 채 오도 가도 못하고 배기가스만 내뿜는 건 그 자체로 환경오염이다. 고가도로로 교통이 원활해진 만큼 20세기 서울의 대기 환경도 개선됐다.

21세기 새로운 도시 계획, 청계천 복원

놀라운 얘기지만 21세기 서울의 도시 계획도 청계천에서 시작됐다. 2000년대 들어 서울 상공 여기저기에 그려진 콘크리트 선들을 치우자는 목소리가 높아졌다. 1970년대 건설사의 최고 경영자를 지내며 청계 고가를 세운 이명박은 이제 서울시의 최고 경영자가 돼 청계천을 복원하는 데 앞장섰다.

일부에서 고가도로 철거에 따른 교통 문제를 제기했지만 다행히 그간 서울은 지하철 등 대중교통 인프라가 갖춰졌고 도로의 수용 능력도 충분해 우려했던 교통난은 일어나지 않았다. 그간 매연 집진 기술이 발달해 자동차 매연도 문제되지 않았다.

청계천은 고가도로 건설을 위해 복개된 지 거의 30년 만인 2005년 9월 복원됐다. 30년 전 고가도로를 보며 놀라

위했던 사람들은 이제 서울 같은 대도시 한복판에 깨끗한 물이 흐른다는 사실에 놀라워했다.

　청계천의 환경 개선 효과는 너무나도 명백하다. 여름철 도시의 열섬 현상을 줄이고 장마 땐 홍수를 제어한다. 삭막한 도심을 흐르는 깨끗한 물이 도시인에게 주는 상쾌함은 금액으로 산정하기 어려울 정도다. 30년 전의 청계 고가가 고가도로 건설 붐을 부른 것처럼 청계천도 안양천, 양재천, 중랑천 등 서울 시내 주요 하천과 지방 하천의 복원 붐을 불러왔다. 더 나아가 4대강 사업 등 국토 전반에 걸친 수질 개선 사업이 모두 청계천의 성공에 빚지고 있다고 할 수 있다.

　도시의 환경을 개선하고 가꾸는 게 꼭 나무를 심고 공원을 늘리는 것만 의미하진 않는다. 경우에 따라선 고가도로를 세워 교통 환경을 정비하는 것도 훌륭한 환경 개선책이 될 수 있다. 다시 시간이 흘러 상황이 달라지면 고가도로를 내리고 물길을 복원하는 게 환경 개선책이 될 수 있다. 경제 개발의 진척과 국토 환경의 변화에 따라 환경 정책에도 그때그때 상황에 맞는 융통성 있는 접근법이 요구된다.

청계천은 2004년 이탈리아 베네치아 건축비엔날레 '최우수 시행자상'을 받았고 2010년엔 하버드대학교 디자인 스쿨이 수여하는 상을 받았다. 미국의 시사 주간지《타임》은 이명박 서울 시장에게 '환경 영웅Hero of the Environment'이란 칭호를 선사했다. 청계천을 복원하며 서울의 브랜드 가치를 높인 이명박은 그 뒤 청와대에 입성하는 데 성공했다. 21세기의 모범적인 국토 개발이란 무엇인지 보여주는 단적인 사례다.

서산 농장의
새로운 모색

정주영과 서산 농장

현대그룹 창업주 고 정주영 회장은 땅에 대한 애착이 많은 사람이었다. 가난한 소작농의 자식으로 태어난 그는 평소 "그 옛날 우리 아버지는 손톱이 닳아 없어질 정도로 돌밭을 일궈 한 뼘 한 뼘 농토를 만드셨다"라고 회고하곤 했다. 우린 왜 이렇게 작은 나라에서 태어나 고생을 하는가 싶었던 것이다.

그런 정주영의 꿈이 현실로 드러난 게 현대 서산 농장이다. 서산 농장은 충남 서산의 앞바다를 매립해 만든 간척지로 단군 이래 땅을 가장 크게 넓힌 사업이다. 1980년 착공해 1995년 준공하기까지 15년이 걸린 대역사였다. 공사

인원은 235만 명, 덤프트럭이 51만여 대가 투입됐다. 이때 확보한 땅이 약 152㎢로 여의도 면적의 33배, 우리나라 전체 논 면적의 1퍼센트에 달한다.[44]

비록 제한적이었지만 서산 농장은 우리나라에서 기업형 영농의 가능성을 시험해 본 무대가 됐다. 남북 정상 회담을 전후로 서산 농장에서 키운 소 천여 마리가 북한으로 보내지기도 했다.

우리처럼 좁은 국토에서 친환경 영농이 가능할까

서산 농장은 위대한 사업이다. 하지만 그 사업이 시작된 건 우리의 국토 면적이 그만큼 좁았기 때문이다. 국토가 좁지 않았다면 정주영의 아버지가 맨손으로 농토를 만들 일도 없었고 그 아들의 가슴에 땅에 대한 한이 맺힐 일도 없었을 것이다.

정주영은 20세기 인물이고 농부의 자식이었으니 땅과 농업의 가치를 의심할 수 없었을 게 분명하다. "국토를 넓혀서라도 쌀 자급률을 높여야 한다"라는 게 정주영이 서산 농장을 만든 이유였다.

하지만 그의 후속 세대인 우리의 입장은 또 다르다. 우리처럼 국토 면적이 좁은 나라에서 농업이 적합한 산업인지 다시 생각해 봐야 한다. 우리 땅값은 세계적으로도 비싼 편이다. 인구 대비 국토 면적이 좁은 만큼 당연한 일이다. 우리 실정에 농업은 상당히 비효율적인 산업일 수 있다.

지금 우리의 축산업이 이를 뒷받침하는 예다. 흔히 공장식 축산이라고 부르는 몸을 거의 움직일 수 없는 극단적으로 좁은 우리 안에 수만, 수십만 마리의 가축을 몰아넣어 키우는 사육법을 쓴다. 국토가 좁으니 광활한 땅을 가진 미국이나 호주처럼 가축을 방목해 키울 수 없는 것이다. 목동이 이끄는 수백 마리 양떼가 자아내는 목가적인 풍경은 우리에겐 언감생심이다.

좁은 우리에 가축을 몰아놓고 키우니 사육 환경이 극히 불량해져 질병도 자주 발생한다. 구제역이나 조류독감 같은 병이라도 돌면 일대 참극이 발생한다. 국토가 좁으니 농장의 면적이 좁은 건 물론이고 농장들 사이의 거리도 좁다. 한 농장에서 병이 생기면 주변에 인접한 농장으로 번지기 시작해 얼마 지나지 않아 온 나라의 농장이 뒤집어진다. 질병이 발생한 지역의 가축은 모두 죽여 땅에 묻는데 그 수가 너무 많아 지하수에 핏물이 섞여 나올 지경이라고 한다. 이쯤 되면 농가에게나 가축에게나 지옥이 따로 없다.

가축이 무슨 공산품도 아닌 만큼 공장식 축산이 비인도적이고 비위생적인 건 당연하다. 더구나 경제적으로도 문제가 있다. 집약적 영농으로는 단위당 생산 비용을 아무리 낮춰도 미국이나 호주처럼 토지 비용이 거의 공짜에 가까울 만큼 넓은 농장에서 기르는 것에 비하면 아무래도 비용 구조가 뒤떨어진다.

비단 축산업의 비용 구조만 그런 게 아니다. 좁은 국토는 농업 전체의 비용 구조에 무리를 안겨 준다. 단적으로 미국의 거대한 농장에선 비료와 농약을 비행기로 뿌린다. 사람이 직접 분무기를 둘러매고 약을 치는 우리로선 따라갈 수 있는 수준이 아닌 것이다.

우리에게 회색 굴뚝으로 상징되는 공업에 비한다면 초록색 농작물을 키우는 농업은 뭔가 친환경적 느낌을 주기도 한다. 하지만 축산업의 예에서 보듯 농업은 결코 깨끗한 산업이 아니다. 미국이나 호주처럼 국토가 넓은 나라에서 농업은 분명 친환경적 요소가 있겠지만 우리처럼 국토가 좁은 나라에선 그렇지 못한 것이다.

정주영의 서산 농장 개척은 분명 위대한 사업이었다. 하지만 현대적인 공업 국가로 거듭난 우리 실정에 맞지 않는 사업이기도 했다. 현대그룹이 서산 농장을 개척하는 데 1980~1990년대 기준으로도 현금 6,500억 원이 들어갔지만 지금 농장의 매출은 연 수백억 원대이고 직원 수도 수십 명에 불과하다고 한다.[45] [46]

반면 서산 농장 주변에 형성된 대규모 임해 공단 일대는 오늘날 전략 산업 기지로 성장했다. 현재 서산 농장을 소유하고 있는 기업 역시 농장을 순차적으로 매각하며 확보한 자금으로 핵심 분야에 투자하는 중이다. 서산 농장이 새롭게 변화하는 모습을 보며 지금 우리 농업은 어찌 해야 하나 고민해야 할 시점이다.

산에 케이블카 하나 놓는 게
어려워서야

지리산 케이블카 논쟁

지리산은 전남, 전북, 경남 세 개 도에 걸쳐 있는 남도의 명산이다. 해발 1,900여 미터의 천왕봉은 남한에선 한라산에 이어 두 번째로 높은 봉우리다. 한라산이 제주도에 있으니 본토 기준으론 지리산 천왕봉이 가장 높은 셈이다.

이 천혜의 자연 자원을 활용하기 위해 그간 많은 노력이 있어 왔다. 대한민국 최초의 국립공원이 바로 지리산 국립공원이었다는 점도 그 방증이다. 얼마 전부턴 케이블카를 설치하려는 시도가 있었다. 설악산, 한라산, 북한산 등엔 이미 케이블카가 설치됐거나 설치하는 중인데 유독 지리산에만 없다면 이상한 일이다.

하지만 유감스럽게도 케이블카 설치 시도는 곧바로 환경 단체의 강력한 반대에 부딪혔다. 환경 단체들은 케이블카를 설치하면 산을 찾는 이들이 늘고 그렇게 늘어난 등산객에 의해 산이 더 심하게 훼손될 거라고 주장했다.

산이 훼손되는지 여부는 일단 차치하더라도 더 많은 사람들이 지리산을 찾고 즐기는 걸 반대하는 건 너무 우스꽝스럽다. 놀이공원을 찾는 관람객의 수가 늘면 놀이기구의 훼손도 따라서 늘 테니 관람객 수를 줄이자는 말과 같다. 단지 등산객이 많아진다고 해서 산이 더 훼손되진 않는다. 등산객이 늘면 느는 만큼 산을 더 세심하게 관리하면 될 일이다.

환경주의자들은 케이블카를 떠받치는 철근 기둥도 문제 삼는다. 산 중턱에 흉물스러운 철근 기둥이 들어서면 지리산의 아름다운 풍광이 망가질 거라고 주장한다. 지리산의 절경은 지리산 국립공원의 핵심 자원인 만큼 케이블카가 그걸 망쳐선 안 된다. 언뜻 생각하면 맞는 말 같기도 하다.

하지만 지리산엔 이미 여러 개의 철탑이 들어서 있다. 지리산뿐만 아니라 백두대간 능선을 따라 우리 산엔 수백여 개의 거대한 송전용 철탑이 설치돼 있다. 그런 상황에서 고작 케이블카 철탑 몇 개가 산의 흉물이 된다는 주장은 지나치다. 더구나 어떻게 관리하고 홍보하느냐에 따라 케이블카의 철탑도 파리의 에펠탑처럼 등산할 때의 또 다른 볼거리로 만들 수 있다.

환경 운동가들의 반대와는 다르게 지리산의 지역 주민들은 케이블카 설치를 염원하고 있다. 경남 산청군과 함양군, 전남의 구례군 등 여러 지자체에서 케이블카 유치를 적극 추진하는 중이다.

환경 엄숙주의에 발목 잡힌 백두대간 개발

케이블카 설치를 반대하는 생각의 뿌리엔 인간은 가급적 자연에 손대지 말아야 한다는 환경 엄숙주의가 자리 잡고 있다. 그런 이들에게 산에 케이블카를 놓자고 하거나 산 정상에 고급 호텔이나 유락 시설을 짓자는 얘기를 하면 격렬한 반대가 돌아온다.

하지만 그런 엄숙주의의 결과 우리나라의 크고 좋은 산들은 전문 산악인이나 산을 항상 찾는 몇몇 소수의 전유물로 전락하고 말았다. 지리산이나 설악산과 같은 큰 산에 오르려면 몸도 건강하고 산을 타는 기술도 있어야 하고 고가의 등산 장비도 갖춰야 한다. 평범한 체력과 기술을 가진 사람들은 국립공원에 가려면 솔직히 큰맘을 먹어야 한다.

지리산과 같은 대규모 국립공원은 국민 누구나 이용하고 거기서 즐거움을 얻을 수 있어야 한다. 일반인도 오르기 부담스럽다면 우리 국민의 16퍼센트에 달하는 노약자와 장애인는 더 말할 게 없다. 2013년 강원도장애인단체연합회는 "이제 국립공원에도 교통 약자를 위한 이동권이 보장되는 등 산지 민주화가 일어나야 한다"라고 주장한 바 있다.[47]

케이블카 얘기를 주로 하고 있지만 환경 엄숙주의가 우리 국민들에게 가져다준 폐단은 비단 케이블카 하나에만 국한되지 않는다. 산 정상까지 어떻게 올라갔다고 치자. 우리 국립공원엔 취사를 하거나 숙박을 할 곳이 마땅찮다. 잘 곳이라곤 쪽잠을 잘 수 있는 대피소 정도가 전부다. 이제 막 형성되기 시작한 한국의 등산 문화에서 비바크Biwak 문화가 먼저 자리 잡은 건 이렇게 국립공원에 숙박시설이 부족한 탓이 크다. 산 정상에 고급 호텔이나 리조트가 자리

잡은 유럽이나 미국, 일본의 등산 문화와 비교된다.

군이 노약자와 장애인의 출입을 막았다면 공원 환경이라도 제대로 보호해야 할 일이다. 하지만 현실은 그것도 아니다. 지리산이나 설악산처럼 거대한 공원에 산림 감시원은 몇 명 되지 않는다. 그런 만큼 훼손 행위가 벌어져도 충분히 관리되지 못하는 실정이다. 왜 감시원들이 충분하지 않는가? 국립공원이 확보하는 예산이 부족한 탓이다. 그럼 예산은 왜 모자란 건가? 공원 운영 수익이 형편없기 때문이다.

그렇다면 답은 나온 것이다. 지금 우리의 산과 바다, 강과 호수는 더 많은 관광 소비를 필요로 한다. 국민들은 관광을 통해 심신의 즐거움을 얻고 관광 산업 쪽은 더 많은 수익을 올릴 수 있다. 늘어난 수익은 자연 자원을 보호하는 데 다시 투자될 것이다. 몇몇 환경 운동가들은 케이블카가 자연을 훼손한다고 주장하지만 등산객들이 케이블카를 통해 이동하면 오히려 등산로 쪽엔 부담이 줄어들어 생태계를 보호하는 효과를 거둘 수 있다. 산 정상의 쓰레기를 수거하는 것도 케이블카가 있다면 간단히 해결된다. 투자가 곧 환경 보호인 셈이다.

자연을 그저 가만히 모셔 두는 건 구시대적 환경 보호 관념이다. 적극적으로 자연을 개발하고 이용하는 게 인간도 행복하고 환경도 보호되는 길이란 발상의 전환이 요구된다.

자연에서
공원으로

옐로스톤 대화재

옐로스톤 국립공원은 미국 북서부에 위치한 세계 최초이자 최대 규모의 국립공원이다. 공원의 크기가 대략 9,300만㎢로 남한 면적의 10퍼센트쯤 된다니 어마어마하다. 대충 훑어보는 데만 사나흘, 꼼꼼히 보려면 일주일 이상 여행해야 한다. 당연히 도보로는 어림없고 차를 타고 움직인다는 조건이다.

옐로스톤은 번역하면 '노란 돌'이란 뜻이다. 공원 안의 돌과 바위가 유황 성분이 포함된 물로 인해 노랗게 변한 데 따른 것이다. 물에 유황이 많은 건 옐로스톤이 화산 지대이기 때문이다. 사실 옐로스톤 자체가 지름이 50~70㎞에

달하는 초거대 칼데라 지형 위에 만들어진 공원이다. 그럴리 없겠지만 옐로스톤 분화구가 폭발하면 전 지구적 재앙이 될 거라고 한다.

공원이 크고 이런저런 의미로 대단한 만큼 옐로스톤에 대한 미국인들의 자부심도 대단하다. 공원을 홍보하는 책자엔 예외 없이 "The world first national…"이란 문구가 들어가 있다. 옐로스톤이 1871년 세계 최초로 지정된 국립공원이란 사실을 기념하는 것이다.

세계 최초, 최대의 국립공원이란 타이틀을 갖고 있는 옐로스톤에도 의외의 시련은 있었다. 1988년에 있었던 옐로스톤 대화재가 대표적이다. 봄 가뭄으로 시작된 산불이 꺼지지 않고 무려 반년 넘게 공원을 태웠다. 불길이 거셀 땐 하루 10㎞ 이상씩 번져 나갔다고 한다.

당시 미국 정부라고 가만히 있었던 건 아니다. 산불을 끄려고 2만 명 이상의 진화 요원과 1억 달러 이상의 비용을 들였다. 그럼에도 초기 대응이 너무 늦어 진화에 실패했고 그 결과 반년이나 끌게 된 것이다. 산불은 그해 말 첫눈이 내릴 무렵에 가서야 자연 소멸됐다. 하지만 그땐 이미 전체 공원 면적의 40퍼센트 가깝게 화마를 입은 뒤였다.

환경주의자들은 항상 자연을 신성시하고 숭배한다. 하지만 연약한 인간에게 자연은 무섭고 두려운 존재이기도 하다. 물과 불, 바람과 지진의 위력을 떠올려 보라. 거친 대자연의 힘 앞에서 인간은 나약한 존재일 수밖에 없다.

인간의 삶에 필요한 건 그래서 날것 그대로의 자연이 아니다. 인간에겐 자연 그대로의 자연이 아닌 인간에게 이로운 것만 섬세히 추려 정리한 자연이 필요하다.

우리 주변에서 쉽게 볼 수 있는 공원이 바로 그런 인간 친화적으로 변신한 자연의 대표 격이다. 공원은 자연 그대로의 공간이 아닌 인간의 손으로 잘 정리된 공간이다. 인간이 땅과 물, 산과 호수에 시간과 돈을 들여 가치를 증진시킨 게 바로 공원이다.

우리가 우리의 도시와 국토를 발전시키는 방향은 이렇게 자연을 공원으로 바꿔 가는 작업에서 시작해야 한다. 자연을 원래 모습 그대로 두면서 국토의 가치를 높일 순 없다. 자연을 그대로 놔두는 건 자연을 보호하는 게 아니라 그저 방치하는 데 지나지 않는다.

자연을 공원으로 바꾸자고 하면 거부감을 갖는 사람들도 더러 있다. 그런 이들은 자연은 인간의 손을 타지 않은 상태가 가장 바람직하다고 생각한다. 하지만 자연의 가치를 증진시키는 일은 재화를 만드는 일과 다르지 않다. 탄광에서 막 캐낸 철광석을 생각해 보자. 철광석은 철 성분이 약간 함유된 돌이다. 그것만으론 별 가치가 없다. 하지만 철광석에서 철을 추려내 선철과 강철을 만들면 가치가 증진된다. 그렇게 만들어진 강철로 자동차를 만들면 애초 철광석의 가치가 비약적으로 늘어난다. 철광석에 가치를 부여해 자동차를 만드는 데 반대할 사람은 없을 것이다.

자연을 개발해 공원으로 바꾸는 일도 마찬가지다. 설악산을 그대로 두면 그저 괜찮은 산일 뿐이다. 하지만 설악산을 국립공원으로 지정하고 개발하면 인간에게 이로운 자연 자원이 된다. 남해의 다도해多島海는 이름 그대로 섬이 많은 바다다. 그대로 두면 망망대해에 떠 있는 수천 개의 섬들일 뿐이다. 하지만 다도해 해상 국립공원으로 지정하고 투자하면 다도해의 섬들도 언젠가 동북아의 베니스로 불릴 날이 올지 모른다. 자연은 인간이 하기 나름이다. 우리의 국토를 어떻게 만들어 갈지는 온전히 우리의 선택에 달려 있다.

이십여 년 전 옐로스톤에서 발생한 산불이 돌이킬 수 없는 환경 참사로 끝난 건 인간은 자연의 일에 간섭해선 안 된다는 몇몇 환경주의자들의 우려 때문이었다. 당시 미국의 산불 대응 정책은 공원에서 불이 나면 일단 그게 인간에 의한 인공 발화인지 자연 발화인지 조사하고 자연 발화라면 개입하지 않는 것이었다.

조사 결과 1988년의 화재는 오랜 가뭄과 번개로 인한 자연 발화로 알려졌다. 그래서 미국 정부는 산불 발생 초기 진화에 손을 놔 버렸다. 옐로스톤 화재가 초기 대응에 실패한 데는 이런 이유가 있었던 것이다.

하지만 그런 안이한 방침 탓에 옐로스톤은 크나큰 피해를 입었고, 이를 계기로 자연 발화라도 일정 규모 이상인 경우 인간이 직접 진화에 나서는 걸로 미국의 공원 관리 정책이 바뀌게 된다. 자연 자원의 가치를 유지하고 증진시키려면 자연 그대로 내버려둬선 결코 안 되며 인간에게 우호적인 상태로 개발해야 한다는 걸 값비싼 대가를 치르고서야 깨달은 것이다.

인간에게 날것 그대로의 자연은 언제나 위험하고 두려

운 것이다. 자연은 언제나 인간의 세심한 관리가 필요하다. 우리가 국토를 개발하는 관점도 여기에서 출발해야 한다.

주 석

제1장 환경을 망치는 환경주의자들

1 '나는 왜 그린피스를 떠났는가', 〈월스트리트 저널〉, 2008.04.22

2 '탄소와 환경, 내일을 위한 에너지 정책', 패트릭 무어의 이화여자대학교 특강, 2012.03.15

3 『환경운동연합 보고서』 김성욱 저, 자유기업원, 2008

4 『비판적 환경주의자』 이상돈 저, 브레인북스, 2006

5 『경제발전의 훼방꾼들』 최승노 저, 백년동안, 2015. 25~26쪽

6 '천성산 터널 공사 생태계 파괴 논란', SBS, 2005.02.02

7 '습지 보호 지역 지정 후 생물종 최대 64% 증가', 〈연합뉴스〉, 2014.10.29

8 자율적 환경 규제의 운용 기제 분석: '1회용품 줄이기 자발적 협약'을 중심으로〉, 제정은 저, 고려대학교 대학원 석사 학위 논문, 2013

9 『외교통상용어사전』(표제어: '유엔환경개발회의') 외교부 저

10 『두산백과』(표제어: '교토의정서')

11 〈더 타임스〉 2010.01.15

제2장 환경 위기론, 그 진실은?

12 보건복지부, '메시지로 본 가족계획 표어', 2008

13 '아직 진행형, 2011년 동일본 대지진', 〈헤럴드경제〉, 2015.03.11

14 한국수력원자력 홈페이지(www.khnp.co.kr) 지식마당 원전운영개요 일반 현황

15 『부유할수록 깨끗하다』 로날드 베일리 저, 김영신 역, 자유기업원, 2003

16 『두산백과』(표제어: '대량절멸')

17 『세계화, 열린사회로 가는 길』 최승노 저, 프리이코노미스쿨, 2015, 95쪽

18 『콜럼버스의 교환』 황상익 저, 을유문화사, 2014. 111~112쪽

19 『지구과학 스페셜』 이석형 저, 신원문화사, 2001

20 『지구과학사전』(표제어: '남극빙상') 한국지구과학회 저, 북스힐, 2009

21 『지구가 정말 열 받았나?』 조영일 저, 자유기업원, 2007

 제3장 경제가 살면 환경도 산다

22 『더럽고 낡은 런던(Dirty Old London)』 리 잭슨 저, 예일대학교 출반부, 2015

23 『시사상식사전』(표제어: 쿠즈네츠 순환), 박문각

24 "Inequality, Poverty and Development", Ahluwalia, Montek S., Journal of Development Economics, 1976.03

25 사단법인 환경정보평가원(www.faireco.or.kr) 자료실

26 『오해와 오류의 환경 신화』 디르크 막사이너, 미하엘 미에르쉬 저, 박계수, 황선애 역, 알에이치코리아, 2006

27 『비판적 환경주의자』 이상돈 저, 브레인북스, 2006. 39쪽

28 『오해와 오류의 환경 신화』 디르크 막사이너, 미하엘 미에르쉬 저, 박계수, 황선애 역, 알에이치코리아, 2006

29 『회의적 환경주의자』 비외른 롬보르 저, 에코리브르, 2003

30 『심리학용어사전』(표제어: 욕구 단계 이론), 한국심리학회 저, 네이버, 2014.

제4장 환경보호도 시장에 맡겨라

31 '고기, 이제 시험관에서 키운다', 〈하이닥 뉴스〉, 2012.03.08
32 『시장인가? 정부인가?』 김승욱 저, 부키, 2004
33 『두산백과』(표제어: '셰일')
34 『과학연구의 경제법칙』 Terence Kealey 저, 조영일 역, 자유기업원, 2003
35 '온실가스 배출권 첫날 30분간 9건, 940톤 거래', 〈문화일보〉, 2015.01.12
36 『자본주의는 어떻게 우리를 구할 것인가』 스티브 포브스, 엘리자베스 아메스 저, 김광수 역, 아라크네, 239쪽

제5장 환경을 보호하려면 과학기술에 투자하라

37 『스토리 시장경제』 한국경제교육연구회 편저, 북오션, 2012, 20쪽
38 『근본 자원 2-상,하』 쥴리언 L. 사이몬 저, 조영일 역, 자유기업원, 2000, 2001
39 『두산백과』(표제어: 종자 터미네이터)
40 'GMO, 이미 한국 밥상 점령했다', 〈시사IN〉, 2014.12.08
41 『매일경제용어사전』(표제어: 다이옥신), 매일경제
42 '다이옥신', 여인형 글, 네이버캐스트, 2011.06.09

제6장 우리 국토를 효율적으로 이용하려면

43 '2013년도 국토의 계획 및 이용에 관한 연차 보고서', 국토교통부. 2013.08.30
44 현대 서산 농장 홈페이지(www.hdfnd.co.kr) 서산 간척지 현황
45 '현대건설 인수전 배경엔 서산 농장?', 〈서울신문〉, 2010.11.10
46 금융감독원 전자공시시스템(dart.fss.or.kr), 현대 서산 농장 2014년 포괄손익계산서
47 '산지 비즈니스, 국민이 누리는 산을 위한 방향' 이승철 저, 민관합동 창조경제추진단, 58쪽